Zu diesem Buch Ausgehend von der Krise traditioneller Geschichtsschreibung untersucht dieser Band diejenigen Faktoren, die Geschichte bestimmen. Er gibt sich mit dem so lange akzeptierten Geschichtsbild, nach dem weltliche und geistige Würdenträger Geschichte machen, nicht zufrieden, ebensowenig mit dem neuen, betont einseitigen Menschenbild zum Beispiel in der Ökonometrie oder «Sozialgeschichte». Mit seinen Fragestellungen

Wer «macht» Geschichte?

Wie wird menschliches Handeln bewertet?

Welche Kräfte treiben die Geschichte voran?

Gibt es Objektivität in der Geschichtsschreibung?

Welche Rolle spielen Reproduktion und Arbeit in einer Gesellschaft?

Macht unsere Geschichte uns Hoffnung?

ergreift dieses Buch im Gegensatz zum Historismus Partei für eine materielle Geschichtsschreibung, die nicht ideengläubig und personenbezogen ist, sondern die Dialektik gesellschaftlicher Entwicklung untersucht.

Dieser Band ist kein Geschichtsbuch, sondern ein Buch über die zwei Auffassungen von Geschichte in unseren Lehrbüchern und den Medien.

Interviewpartner ist der englische Politologe und Diplomat Edward H. Carr.

Geschichte

Objektivität und Parteinahme in der Geschichtsschreibung

von José Fontana
und Edward H. Carr
als Interviewpartner

rororo

Rowohlt

Titel der Originalausgabe «La Historia»
Aus dem Spanischen übertragen von Hans-Werner Franz
Für die Taschenbuchausgabe eingerichtet und bearbeitet von Kerstin Lorenzen
Umschlagentwurf Werner Rebhuhn (Zeitgenössisches Gemälde «Exekution auf dem Platz der Revolution in Paris»/Archiv für Kunst und Geschichte, Berlin)

Deutsche Erstausgabe

Veröffentlicht im Rowohlt Taschenbuch Verlag GmbH, Reinbek bei Hamburg, im Februar 1979

Druck und buchbinderische Verarbeitung Graficas Estella, S. A./Estella (Navarra) 1978
Printed in Spain
680 - ISBN 3 499 17236 4
D.L.:NA-1.407-1.978

Inhaltsverzeichnis

Links: Das gesellschaftliche Bewußtsein eines Malers, so wie es sich in seinen Bildern widerspiegelt, hilft dem Historiker zu verstehen, was diese in ihrer Zeit ver- oder anerkannt sein ließ: «Der Kampf mit den Mamelucken am 2. Mai 1808 in Madrid» (1814) von dem spanischen Maler Goya (1746–1828).
Rechts: Edward H. Carr, geboren 1892 in London, war lange Jahre Diplomat britischer Außenpolitik und ist Autor zahlreicher politischer Werke.

Gespräch mit Edward H. Carr über die Geschichtswissenschaft Unser heutiges Verständnis von Geschichte ist das Ergebnis der Krise des Geschichtsbegriffs, wie er im 19. Jahrhundert herrschte. Einer Krise nicht nur des Begriffs, sondern auch einer Krise, welche die Revision der grundlegenden Kriterien der Forschungsmethoden einschließt. Als Folge wird heute im allgemeinen die Erarbeitung einer Gesamtgeschichte zum Ziel gesetzt und die alte Auffassung von der Vorherrschaft eines einzigen Faktors überwunden. Andererseits leugnet niemand mehr, daß für ein echtes Verständnis des Geschichtsprozesses die Erforschung der wirtschaftlichen und gesellschaftlichen Verhältnisse unerläßlich ist; d. h., die notwendige Berücksichtigung der materiellen Basis, welche die Grundlage menschlicher Tätigkeiten ist, wird nicht mehr in Abrede gestellt.

Nachdem also die alte Auffassung, man müsse die Tatsachen so erzählen, wie sie sich zugetragen haben, überwunden und ersetzt worden ist durch das Kriterium, man müsse in der Vergangenheit den Schlüssel zur Gegenwart suchen und so die Bedingungen schaffen, um die Zukunft vorhersehen zu können, steht die Geschichtswissenschaft heute vor ihrem Ziel der Konstruktion der Gesamtgeschichte.

Über die Probleme, die sich aus dieser Entwicklung der Geschichtswissenschaft ergeben, führten wir im folgenden ein Gespräch mit dem britischen Geschichtswissenschaftler Edward H. Carr.

Kann es eine objektive, zu jeder Zeit gültige Geschichtsschreibung geben, wenn die Geschichte ein Verhältnis zwischen Vergangenheit und Gegenwart beinhaltet?

«Objektiv» und «subjektiv» sind Begriffe, die in einer Beziehung zueinander stehen: sie implizieren einander. Das Werk eines jeden Geschichtswissenschaftlers enthält subjektive Elemente und ist Einflüssen von Zeit und Ort unterworfen. Absolute und zeitlose Objektivität ist eine irreale Abstraktion. Aber Geschichte erfordert die Auswahl und Ordnung von vergangenen Ereignissen nach einem Prinzip oder einer Norm der Objektivität, welche sich der Geschichtswissenschaftler zu eigen gemacht hat; darin eingeschlossen sind notwendigerweise auch Elemente der Interpretation. Ohne das löst sich die Vergangenheit in eine Unzahl von isolierten und unbedeutenden Einzelereignissen auf, so daß man keine Geschichte schreiben kann.

Welches Verhältnis besteht zwischen Geschichte und anderen Sozialwissenschaften? Worin besteht die spezifische Originalität von Geschichte im Verhältnis zu diesen Wissenschaften?

Der Hauptgegenstand von Geschichte ist der gleiche wie bei den anderen Sozialwissenschaften: das Verhalten des Menschen in der Gesellschaft. Ihr spezifi-

Die Arbeit des Menschen ist zusammen mit seiner geistigen Aktivität der bestimmende Faktor gesellschaftlicher Weiterentwicklung. Links: Ägyptische Arbeiter bringen ein Schmiedefeuer in Gang (Freske in einem Grab von Rachmara, Tal der Könige). Rechts: Historisches Dokument (Museum von Versailles) einer Parlamentstagung unter Karl dem Kühnen (1433–77), Graf von Burgund: In den ständischen Gesellschaften hatte das Volk selbst keine politische Vertretung.

sches Merkmal, aus dem sich andere Unterscheidungen ergeben, erhält Geschichte aus dem Umstand, daß sie das gesellschaftliche Verhalten des Menschen in der Vergangenheit untersucht. Die Beziehungen zwischen der Geschichtswissenschaft und den anderen Sozialwissenschaften (Soziologie, Anthropologie, Ökonomie) sind notwendig und wertvoll; der Historiker kann von den Methoden, mit denen die Sozialwissenschaftler ihre Probleme in der Gegenwart untersuchen, lernen. Selbstverständlich mit Vorsicht, und ich persönlich mißtraue einigen kürzlich vorgenommenen Experimenten der Anwendung mathematischer und ökonomischer Techniken auf die Geschichte, weil solche Techniken, wie mir scheint, nicht genügend die Komplexität des Geschichtsprozesses berücksichtigen. Umgekehrt können auch die Sozialwissenschaftler vom Historiker lernen, daß die Situationen, vor die sie sich in der Gegenwart gestellt sehen, niemals statisch sind und daß man sie im Licht der vergangenen Verhältnisse, aus denen sie hervorgegangen sind, und der Zukunft, auf die sie sich hinentwickeln, untersuchen muß. In diesem Sinne ist jede Sozialwissenschaft historisch.

Wenn sich die Geschichte auf Einzelpersonen bezieht, scheint es leicht zu sein, Beziehungen von Ursache und Wirkung festzustellen; so waren z. B. die Heiratspolitik der Habsburger oder die ehrgeizigen Pläne Isabellas I. von Spanien

die Ursache für die Expansion des Landes. Aber wie kann man Beziehungen von Ursache und Wirkung in der Sozialgeschichte feststellen? Wie kann man feststellen, ob die Französische Revolution Ursache oder Wirkung der Vorherrschaft der Bourgeoisie war?

Kein wichtiges Ereignis im täglichen Leben oder im Geschichtsprozeß ist das Produkt einer einzigen Ursache. Wahrscheinlich gibt es mehrere Ursachen auf verschiedenen Ebenen, und der Forscher muß diejenigen Ursachen, welche ihm von Bedeutung zu sein scheinen, trennen von den zufälligen und belanglosen Ursachen. Ich verfüge über keine besonderen Kenntnisse von den Habsburgern oder von der Periode der Hegemonie Spaniens in Europa, doch ich nehme an, daß es Faktoren von größerer Bedeutung gab, welche die Ausweitung seiner Macht begünstigten, und daß die Heiratsmanöver der Habsburger und die ehrgeizigen Pläne Isabellas dank dieser Faktoren von Erfolg gekrönt wurden.

Ein bekannteres Beispiel ist das des letzten Zaren Rußlands, Nikolaus' II., der ein in höchstem Maße dummer Mensch war, während Lenin ein politisches Genie war. Ohne Zweifel haben diese persönlichen Faktoren Einfluß auf die Entwicklung der Ereignisse gehabt, aber sie waren keine Ursachen von Bedeutung. Wenn ich zu sagen hätte, welche die wichtigsten Ursachen der Revolution von 1917 waren, dann würde ich sie in den tiefgreifenden Teilungen der russischen Gesellschaft suchen.

Die Frage, ob der Aufstieg der Bourgeoisie Ursache oder Wirkung der Französischen Revolution gewesen ist, ist so nicht richtig gestellt. Wenn es auf dem zentralen Punkt einer langen fortlaufenden Linie – dem Übergang von der Feudalaristokratie zur bürgerlichen Demokratie – zu einem Ereignis kommt, dann kann dieses Ereignis zur gleichen Zeit sowohl Ursache als auch Wirkung sein. Die Französische Revolution ist eine sehr umstrittene Angelegenheit, aber ich glaube, daß die Interessen, Lebensgewohnheiten und das Denken, welche wir als bürgerlich bezeichnen, in der zweiten Hälfte des 18. Jahrhunderts die Feudalmonarchie soweit untergraben hatten, daß diese sich nicht mehr verteidigen konnte, wobei es unerheblich ist, ob diejenigen, die sie stürzten, selbst bürgerlich waren oder bewußt bürgerliche Ziele verfolgten.

Bis zu welchem Punkt können wir durch die Untersuchung der Ursachen einen Weg zum Verständnis der geschichtlichen Entwicklung finden und die Bedeutung des historischen Prozesses entdecken? Glauben Sie, daß die Geschichte eine Lehre für das Leben ist?

Die Physik macht Vorhersagen, die eintreten, sofern bestimmte Bedingungen sich nicht verändern; im praktischen Leben verändern sich diese Bedingungen. Dennoch sind Vorhersagen nicht ohne praktischen Wert. Bei den Sozialwissenschaften einschließlich der Geschichte kommt ein besonderes Problem hinzu: Die Menschen untersuchen ihr eigenes Verhalten, und die Verwirklichung von Vorhersagen, die sich aus ihren Untersuchungen ergeben, kann durch die Tatsache, daß diese Vorhersagen gemacht worden sind, günstig oder ungünstig beein-

Korruption war das Hauptmerkmal am Hof Ludwig XVI. (1754–93), König zur Zeit der Französischen Revolution, oben seine Frau Marie Antoinette (Gemälde von Gautier-Dagoty, Museum von Versailles).

flußt werden. Die eigene Vorhersage wird zum Bestandteil der untersuchten Situation. Ich glaube jedoch, daß das Verständnis der Vergangenheit, welches Zweck und Aufgabe der Geschichtswissenschaft ist, ein besseres Verständnis von Gegenwart und Zukunft mit sich bringt. Der historische Prozeß ist fortlaufend; wir können zu keinem Verständnis gelangen, wie die Vergangenheit sich bis zur Gegenwart entwickelt hat, wenn wir nicht wissen, wie die Gegenwart sich wahrscheinlich in die Zukunft entwickelt, was selbstverständlich nicht bedeutet, daß uns die Geschichte in die Lage versetzt, einzelne Geschehnisse und Ereignisse, von deren vielfältigen Ursachen viele außerhalb ihres Untersuchungsfeldes liegen, vorherzusagen.

Wenn Sie zwischen der Auffassung: «Nichts Neues unter der Sonne» und der Auffassung: «Alles verändert sich» zu wählen hätten, für welche würden Sie sich entscheiden?

Für beide. Die Vergangenheit verschwindet nicht plötzlich und gänzlich in der

Gegenwart. Die französische Redewendung *le mort ssaisit le vif* (wörtlich *der Tote ergreift den Lebenden;* frz. Erbrechtsgrundsatz: Rechtstitel gehen vom Toten auf den Lebenden über; d. Ü.) bringt zum Ausdruck, welchen Einfluß zuweilen die Vergangenheit in der Gegenwart auszuüben scheint. Andererseits, selbst wenn die äußeren Formen der Vergangenheit intakt bleiben, so ist ihr Inhalt doch einem ständigen Prozeß des Wandels unterworfen, der sich manchmal unbemerkt vollzieht. Die Geschichte ist ein Produkt des Wechselverhältnisses der Prinzipien von Kontinuität und Wandel.

Was halten Sie von der theoretischen Auffassung, die Geschichte vollziehe sich in Zyklen?

Diese Theorien besaßen Anziehungskraft für Naturgesellschaften oder gerade erst entstehende Gesellschaften, deren Kenntnis der Vergangenheit auf einen sehr kurzen Zeitraum begrenzt waren. Heute können sie hin und wieder von Interesse sein und sogar klärend wirken, wenn man eine Situation oder einen Gedanken der Gegenwart vergleicht mit solchen, die es zu anderen Zeiten gab. Doch diese Vergleiche sind oberflächlich, weil sie sich auf unterschiedliche Gesellschaften beziehen. In der modernen Welt kann man keine Zyklentheorie der Geschichte ernst nehmen.

Links: In der vorindustriellen Gesellschaft Europas stand die Textilherstellung an der Spitze gewerblicher Großproduktion: Webstühle in der Savonnerie für orientalische Knüpftechnik nach Mustern des Zeitstils (Stich 17. Jh., Nationalbibliothek Paris).
Unten: Die Zeit nach Erfindung der Dampfmaschine und der Mechanisierung der Produktion bezeichnet man als die Zeit der ersten Industriellen Revolution, sie benötigte für eine enorm angestiegene Produktion ein Heer von Arbeitern, das Proletariat, zu dem auch Kinder gehörten.

Welchen Einfluß hat der historische Materialismus auf die zeitgenössische Geschichte gehabt? Worin besteht die Haupttendenz der gegenwärtigen Geschichtsschreibung? Welche Perspektiven hat sie?

Seit dem Ersten Weltkrieg ist der Einfluß der materialistischen Geschichtsauffassung in den Schriften über Geschichte sehr groß gewesen. Man könnte sagen, daß ihr Einfluß in allen ernst zu nehmenden historischen Arbeiten, die seit dieser Zeit verfaßt worden sind, zu spüren ist. Ein Zeichen für diesen Wandel ist darin zu sehen, daß im allgemeinen Interesse Schlachten, diplomatische Manöver, Verfassungsdiskussionen und politische Intrigen als die Hauptthemen historischer Untersuchung – der «politischen Geschichte» im weiten Sinne – ersetzt worden sind durch die Untersuchung von wirtschaftlichen Faktoren, sozialen Bedingungen, Bevölkerungsstatistiken und dem Auf- und Abstieg der gesellschaftlichen Klassen.

Ein weiterer Aspekt dieser Tendenz ist die wachsende Beliebtheit der Soziologie; zuweilen ist sogar der Versuch unternommen worden, die Geschichte als einen Zweig der Soziologie zu betrachten. Der in jüngster Zeit praktizierte Kult ei-

Unten: Denkmal für die Helden der Revolution in Taschkent, Sowjetunion.
Rechte Seite: Um 200 v. Chr. wurden die alten Grenzwehren der nördlichen Staaten des Chinesischen Reichs zu einem neuen Grenzwall aufgebaut. Der Bau, der heute als die «Große Mauer» bezeichnet wird, stammt aus einer viel späteren Zeit, nämlich dem 15. Jh.

ner «quantitativen» Geschichte, der aus der statistischen Information die Quelle jeglicher historischen Forschung macht, führt die materialistische Geschichtsauffassung vielleicht zu absurden Extremen. Die gegenwärtige Mode der Populär-Geschichte und der Biographie, die ihr Interesse auf malerische Begebenheiten oder Sensationen oder auf eine elementare Psychologie konzentriert statt auf die Gesellschaftsanalyse, hat zu einer gewissen Reaktion gegen diese Tendenzen geführt, eine Reaktion, von der einige akademische Geschichtswissenschaftler betroffen sind. Wollte man jedoch die zukünftige Entwicklung der Geschichtsschreibung vorhersagen, so müßte man die Zukunft unserer Gesellschaft vorhersagen, und das ist eine Aufgabe, der ich mich bei aller Achtung enthalte. Einer Gesellschaft voller Verwirrung über die eigene Gegenwart, einer Gesellschaft, die den Glauben an die Zukunft verloren hat, wird die Geschichte als eine bedeutungslose Ansammlung unzusammenhängender Ereignisse erscheinen. Wenn unsere Gesellschaft die Beherrschung der Gegenwart und ihre Sicht der Zukunft zurückgewinnt, dann wird sie im Zuge eben dieses Prozesses auch ihre Kenntnisse über die Vergangenheit erneuern.

Die Krise der traditionellen Geschichte

Das mangelnde Ansehen der Geschichtswissenschaft Die Geschichte hat in unseren Tagen nicht mehr das Ansehen, das sie zu anderen Zeiten genoß. Die meisten Leute unserer Zeit glauben, es handele sich bei Geschichte um totes Bücherwissen, das für die Gesellschaft kaum von Nutzen, häufig sogar schädlich und verwerflich sei. Diese Einstellung gibt es nicht ohne Grund; angeklagt wird jedoch nicht die Geschichtswissenschaft, sondern eine bestimmte Auffassung von Geschichte, die in akademischen Kreisen zwar noch die vorherrschende ist, von der aber viele von uns glauben, daß sie nicht die Geschichte ist, wie sie heute betrieben werden sollte, und von der wir hoffen, daß sie nicht die Geschichte sein möge, wie sie morgen betrieben werden wird.

Der Gegenstand dieser Arbeit ist ein doppelter. Der erste Teil will einige der Mängel und Irrtümer bekämpfen, die das mangelnde Ansehen der traditionellen Geschichte und das Mißtrauen, das sie hervorruft, erklären. Der zweite Teil wird den Versuch unternehmen, in sehr allgemeinen Zügen darzustellen, wie die andere Geschichte ist, jene, die sich zum Hauptziel gesetzt hat, dem heutigen Menschen das Verstehen der Welt, in der er lebt, dadurch zu erleichtern, daß sie ihm erklärt, auf welche Weise sie geworden ist, wie sie heute ist.

Vor einigen Jahrhunderten wurde die Geschichte als eine zweitrangige Literaturform angesehen. 1763 sagte der Doktor Samuel Johnson in offenbar abschätziger Weise: «Es bedarf keiner großen Fähigkeiten, um Geschichtsschreiber zu sein, denn beim historischen Aufsatz bleiben alle großen Eigenschaften, deren der Geist mächtig ist, inaktiv. Die Tatsachen liegen auf der Hand, so daß die Findigkeit nicht geübt wird. Einbildungskraft wird nicht in hohem Grade eingesetzt, nur in einem Maße, das derjenigen ähnlich ist, die für niedere Arten von Poesie erforderlich ist. Ein gewisses Maß an Durchdringung, Genauigkeit und Sinn für Farbigkeit genügen wohl jedem für diese Aufgabe, wenn er sich ihr mit der nötigen Sorgfalt widmet.»

Während der Herr Doktor Johnson solche Worte sprach, formulierten andere Männer eine weit anspruchsvollere und höhere Auffassung. Die Männer der französischen Aufklärung glaubten beispielsweise, man könne die Geschichte nutzen, um Tyrannei und Aberglaube anzuklagen, um den Menschen die Augen für die Wirklichkeit zu öffnen und ihr Bewußtsein zu erziehen. Denis Diderot (1713–1784) ging sogar noch weiter: Nachdem er Großes auf anderen Gebieten

Nationale Unabhängigkeitsbewegungen in Indochina und massive ökonomische und ideologische Herrschaftsansprüche des Auslands hinzukommend, führten in Vietnam 1954 zur Teilung des Landes; Nordvietnam mit der Sowjetunion und Südvietnam mit den USA führten 1965 bis 1975 einen unendlich grausamen, menschenverachtenden Krieg gegeneinander.

der Wissenschaft geleistet hatte, entdeckte er die Möglichkeiten, welche das Studium der Geschichte für die Gesellschaftsanalyse bot. Daher verkündete er: «Wenn es mir erlaubt wäre, eine Vorhersage zu wagen, so würde ich ankündigen, daß die Geister sich sehr bald der Geschichte zuwenden werden, jenem unermeßlichen Bereich, auf dem die Philosophie bisher noch keine Wurzeln geschlagen hat.»

Modefach Geschichte im 19. Jahrhundert Seine Vorhersage traf zum Teil ein. Das 19. Jahrhundert wurde Zeuge eines beispiellosen Aufblühens der Geschichtsforschung. Die Geschichte wurde zum Führer und Modell der Sozialwissenschaften, und ihr Einfluß verbreitete sich in alle Richtungen, vom Aufkommen einer nationalökonomischen Theorie bis hin zur Sehnsucht nach der Vergangenheit, die einer der wesentlichen Bestandteile der Romantik war und die nach Benedetto Croce (1866–1952) darin bestand, daß «sie wieder die alte Religion, die von alters her überkommenen nationalen, regionalen und lokalen Sitten und Gebräuche umfing, daß sie wieder eintrat in die altersschwachen Häuser, Burgen, Schlösser und Kathedralen, daß sie wieder die alten Lieder sang und die antiken Legenden träumte».

Während eine Linie des Denkens, die ihren Höhepunkt im Werk von Karl Marx (1818–1883) fand, die Geschichte weiterhin als Instrument der Gesellschaftsanalyse benutzte, beschränkte sich die Mehrheit derer, die diese Disziplin pflegten, darauf, sie zum Ruhme ihres Souveräns und ihrer Regierung, zur Rechtfertigung des Gesellschaftssystems, in dem sie lebten, einzusetzen; sie dominierten schließlich dann auch die Lehrstühle an den Universitäten und die akademischen Ämter und sorgten ihrerseits dafür, daß diese Sorte von Geschichte zur Einschläferung des Geistes weiter gelehrt wurde und daß jeglicher Versuch, Geschichte mit kritischer Absicht zu nutzen, mit Acht und Bann belegt wurde. Der Historismus* war eine Reaktion auf das, was es an Revolutionärem im Denken der Aufklärung gab, und er verwandelte die Geschichtswissenschaft schließlich in eine Disziplin zur Anhäufung konkreter Tatsachen ohne gemeinsamen Nenner, der ihren Zusammenhang erklärt, und ohne Logik, welche die Art und Weise ihrer Verkettung und Abfolge aufhellt. Für die deutschen Vertreter des Historismus, die meisten ehrenwerte Beamte des preußischen Staates, gab es über die historischen Tatsachen hinaus keine anderen Realitäten als die Hand der Vorsehung, die den Gang des Schicksals bestimmte, und den nationalen Geist, der den Institutionen und der Politik ihre Form verlieh.

Es ist also nicht weiter verwunderlich, daß diese Art von Geschichte alle Hoffnungen zerschlug. Zu Beginn des 20. Jahrhunderts gab es eine Reihe von Philosophen, die einer Disziplin, welche zu einer bloßen Anhäufung von Daten der Vergangenheit geworden war, das Recht bestritt, sich als Wissenschaft zu bezeichnen. Der Geschichte stand es nicht zu, Methoden der eigentlichen Wissen-

**Begriffserklärungen siehe Seite 116.*

Der französische Philosoph und Schriftsteller Voltaire (1694–1778), mit erhobener Hand, gilt als wichtigster Vertreter der französischen Aufklärung; er spielte zugleich eine bedeutende Rolle in der Pariser Gesellschaft und belustigte und beleidigte sie, wanderte zweimal in die Bastille, war in England im Exil und später Historiograph Ludwig XV. (Stich: Hubert, Nationalbibliothek Paris).

«Wenn die Geschichte von Anfang an die zivilen und religiösen Tyrannen bei ihren Haaren herbeigeschleift hätte, ich glaube nicht, daß diese dann besser geworden wären, aber sie wären mehr verachtet worden, und ihre unglücklichen Untertanen hätten vielleicht gelernt, weniger geduldig zu sein.» DIDEROT

schaften zu benutzen, deren Zweck die Verallgemeinerung war. Sinn und Zweck von Geschichte war es, durch Eingebung oder Erleben das Individuelle, das Einzigartige einzufangen. Dem Historiker, so sagte Ernst Troeltsch (1865–1923), ist es eigen «zu sehen, eher als zu denken». Doch der akademische Forscher ließ sich nicht erschüttern durch diese Abqualifizierung, die ihn in eine Welt am Rande der Wissenschaft verbannte; statt dessen fuhr er fort, sein geduldiges Netz von konkreten Tatsachen und einzigartigen Männern zu weben. Nur einige wenige gelangten immerhin so weit, ihr Handwerkszeug, ihre Arbeitsmethoden zu modernisieren und die anderer Wissenschaften zu übernehmen oder sich blindlings dem Kult aller intellektuellen Moden und Neuigkeiten hinzugeben, ohne jedoch zu merken, daß es der von ihnen benutzte Theoriekörper war, der unweigerlich veraltet war; sie verwechselten Schönheitschirurgie und Verjüngungskur. Unter der Schminke eines Großteils der Geschichte von heute, die nach der magischen Erneuerung durch den Computer ruft, errät man die unheilbaren Gebrechen eines übernächtigten Positivismus*.

Schwerfällige Gelehrsamkeit verstaubter Datensammlungen Neben diesem mangelnden wissenschaftlichen Ansehen ist die moralische Verurteilung zu berücksichtigen. Der Historiker kollaboriert, selbst wenn er kein bloßer Apologet des Gesellschaftssystems ist, das ihn erhält, mit eben diesem System in einer nicht weniger verwerflichen Form des Komplicentums, wenn er die Existenz einer Welt akademischen Werts postuliert, die neben, ja sogar über dem wirklichen Leben stehe, und er praktiziert eine Art von Arbeit, die vorgibt, sie könne sich aus sich selbst rechtfertigen, auf Grund des Werts, den die bloße Ausübung intellektueller Tätigkeit «zur Erziehung des Geistes» beinhalte. Er stapelt Do-

Linke Seite: Miniatur aus der «Crónica de España»: Übersetzerschule von Toledo (Bibliothek in El Escorial nordwestlich von Madrid).
Die Chronisten und Übersetzer des Mittelalters arbeiteten unter dem Mäzenatentum (gönnerhafte Kunstpflege oder -freundschaft) eines Herrn oder im Dienst des Monarchen.
Unten: Stammbaum aus der «Crónica Ovetense» (Chronik Oviedos in Asturien) aus dem 12. Jh. (Nationalbibliothek Madrid). Historiker verbrachten immer viele Arbeitsstunden mit der Klassifizierung und Auswertung alter Dokumente.

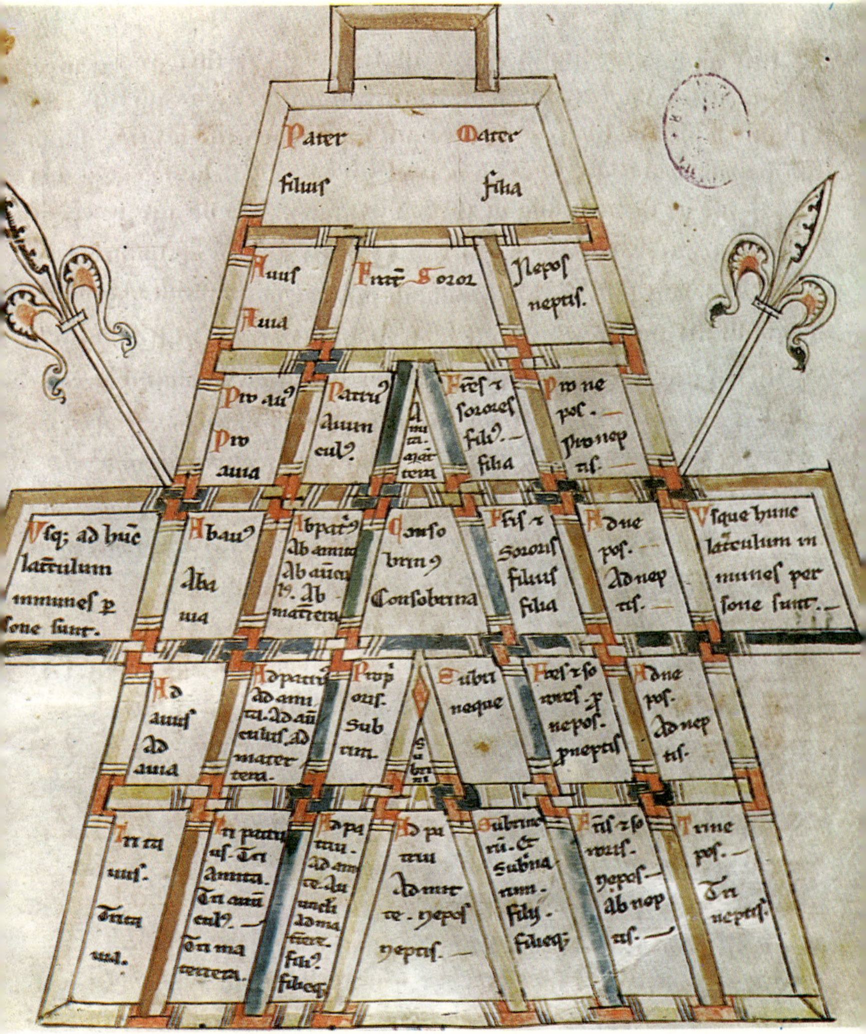

kumente, um Tatsachen kennenzulernen, die er dann im Rahmen der Koordination des reinen Buchwissens analysiert, um «Probleme der Wissenschaft» zu lösen, statt sich um die Probleme der Menschen, der Gesellschaft, in der er lebt, zu kümmern. Er kommt einen vor, wie Guy Dhoquois sagt, «wie ein alter Maulwurf, der, taub gegenüber allem ideologischen Getümmel, blindlings seine Gänge durch die Archive gräbt». Oder wie Manuel Moreno sagt: «Weit weg von der Realität, ausschließlich über die Vergangenheit arbeitend, tote Dokumente stapelnd, von der Produktion materieller Güter durch die Mauern des Archivs oder der Bibliothek isoliert, ist der moderne Historiker der große intellektuelle Triumph der Bourgeoisie, die in ihm ihren treuesten, billigsten und wirkungsvollsten Beamten gehabt hat. Ein geduldiger Bearbeiter der Feuchtigkeit, des Staubs und der Motten: und all das sei mit dem größten Respekt gesagt. Aber draußen, außerhalb des Archivs oder der Bibliothek, spielt sich das Leben ab, das diese Dokumente hervorbrachte, in denen er forscht. Es ist seltsam, wenn der professionelle Historiker sich gezwungen sieht, über moderne Sachen zu arbeiten, sich in den turbulenten Rhythmus seiner Tage einzumischen, dann tut er dies nur sehr ungerne und wartet auf den Augenblick, wo er zur Ruhe seines Studierzimmers zurückkehren kann.» Doch liegt nicht alle Schuld bei ihm. Seine Verantwortung und sein Elend liegt darin, daß er sich unterwirft und tut, was von ihm verlangt wird.

Linke Seite: Die Miniatur aus einer Handschrift der «Grandes Chroniques de France» (14. Jh.) zeigt Karl den Großen (742–814) beim Anblick des Leichnams von Roland, Graf der Bretonischen Mark, bei der Niederlage gegen die Waskonen auf dem Zug nach Spanien (Königliche Bibliothek Brüssel). Oben: Miniatur aus dem Hundertjährigen Krieg von 1339 bis 1453 (Nationalbibliothek Paris), den England und Frankreich ursächlich aus Gebietsansprüchen um die von England kontrollierte Gascogne und Guyenne führten. (England war zu dieser Zeit geprägt von Wirtschaftskrisen, dem «Schwarzen Tod», Bauernaufständen und Thronstreitigkeiten.)

Häufig werden Personen und deren spezielle Charaktereigenschaften oder besondere persönliche Situationen als Ursache für folgenschwerste weltpolitische Ereignisse vorgeschoben. Viele verbinden z. B. die Person Hitlers – nicht aber materielle Interessen von Banken und Industrie des In- und Auslands, gekoppelt mit allen sozialen Besonderheiten der Zeit, mit dem Nationalsozialismus in Deutschland und dem Zweiten Weltkrieg.

«Jede Generation muß die Geschichte von neuem überdenken» Die Geschichte ist langweilig, weil sie uns nichts nützt. Schüler und Studenten der ganzen Welt – außer einigen wenigen, die schon vom akademischen Virus angesteckt worden und früh gealtert sind und die nun davon träumen, Beamte jenes Olymps staubigen Papiers zu werden – stehen ihr mit Abscheu und Widerwillen gegenüber, denn in Geschichte werden sie zu einem irrationalen Auswendiglernen von Daten und Taten gezwungen, die für ihr Leben kein bißchen von Nutzen sind und die auf keine ihrer Fragen und für keines ihrer Probleme eine Antwort bieten. Da diese Geschichte in ihrer schwerfälligen Gelehrsamkeit für das große Publikum nicht geeignet ist, wird sie von Publizisten manipuliert, «gefällig» angerichtet serviert und zur trivialen Anekdote gemacht. Das ist jedoch noch nicht ihr schlimmster Mangel, das Schlimmste ist, daß sie nach wie vor benutzt wird, um «gesunde Überzeugungen» zu schaffen und um Weltanschauungen zu verewigen, die überholt sind und an denen diejenigen, die sie verbreiten, interessiert sind. Der Argentinier José Ingenieros (1877–1925) hat schon vor mehr als einem halben Jahrhundert gefordert: «Jede Generation muß die Geschichte von neuem überdenken. Die alten Menschen hinterlassen sie in korrumpierter Form, sie haben die historischen Werte der Ordnung ihrer gewachsenen Interessen angepaßt. Es ist das Werk der Jungen, ihr neues Blut zu übertragen und das Joch krankhafter Götzenanbetung abzuschütteln. Geschichte, die nicht von Zeit zu Zeit überdacht wird, stirbt allmählich ab, und das dramatische Hin und Her des gesellschaftlichen Werdens wird durch das stille Panorama herkömmlicher Legenden ersetzt.»

Wie müßte diese von jeder Generation jedes Jahr, jeden Tag neu überdachte Geschichte aussehen, damit sie den Bedürfnissen der Menschen angepaßt wird? Welche Art von Disziplin wollen wir jener versteinerten akademischen Geschichte entgegensetzen? Es geht hier nicht darum, Definitionen zu fabrizieren. Vielleicht genügt es, an jene Worte zu erinnern, welche sie als eine Disziplin bezeichnen, «die von den Menschen handelt, von so vielen Menschen wie möglich, von allen Menschen der Welt, sofern sie sich zur Gesellschaft zusammentun, arbeiten, kämpfen und sich selbst bessern». Eine schöne Definition, die der sterbende Antonio Gramsci (1891–1937) einem Kind schrieb: seinem Sohn, der fern von ihm war und den er kaum kannte. Welches Ziel wird diese Geschichte haben müssen? Wozu wird sie dienen? Junge Stimmen wie z. B. R. Gray haben darauf ohne Umschweife geantwortet: «Das berechtigte Ziel historischen Wissens ist es, den Menschen dadurch, daß man ihnen die Vergangenheit begreiflich macht, zu helfen, ihre Situation zu verstehen.»

Die Geschichte, von der auf diesen Seiten die Rede sein wird, soll an diesen beiden Zeichen zu erkennen sein: daran, daß sie sich mit den Menschen als Gesellschaft, mit ihren Kämpfen und mit ihrem Fortschritt beschäftigt, und daran, daß es ihre Absicht ist, den Menschen zu helfen, die Welt, in der sie leben, zu verstehen, damit sie ihnen als Waffe in ihren Kämpfen und als Werkzeug zum Aufbau der Zukunft diene.

Wer spielt die Hauptrolle in der Geschichte? Die Antwort scheint einfach: Die Hauptrolle in der Geschichte spielt der Mensch. Doch verstecken sich in dieser scheinbaren Einfachheit zahlreiche Probleme. Die alten Chroniken erzählten gewöhnlich von den Heldentaten der Könige und großer Persönlichkeiten.

Sie waren die einzigen Menschen, die zählten, weil man annahm, ihr Handeln präge das Antlitz und den Gang der Geschichte, in der allen anderen lediglich Statistenrollen übrigblieben. Bis heute haben viele Züge diesen Mythos überlebt. So etwa in der Angewohnheit, die historische Zeit nach der Dauer von Königreichen und Dynastien einzuteilen, so als ob der Tod eines Souveräns und der Aufstieg eines anderen grundlegende Veränderungen im Ablauf der geschichtlichen Ereignisse bedeuteten. Desgleichen besteht die Gewohnheit, Perioden des Auf-

Die Familie Philipp V. (1683–1746), dargestellt von dem Hofmaler Louis Michel van Loo (1707–1771; Prado, Madrid). Mit der Anerkennung Philipp V. als spanischer König auf dem Friedenskongreß zu Utrecht (1712/13) war der spanische Erbfolgekrieg (1701–14), an dem England, Holland, Preußen und Savoyen beteiligt gewesen waren, zu Ende.

stiegs und des Niedergangs mit den Persönlichkeitsmerkmalen der Monarchen in Verbindung zu bringen. In der Geschichte Spaniens beispielsweise ließe sich das an den sich im Niedergang befindlichen Österreicher-Königen des 17. Jahrhunderts (Philipp III., Philipp IV. und Karl II.) zeigen, deren persönliche Mängel in einem *crescendo* gezeichnet werden, das mit Karl II., der gewöhnlich als monströser Hanswurst dargestellt wird, seinen Höhepunkt findet. Nach ihnen kommen dann die aktiven und dynamischen Bourbonen des 18. Jahrhunderts (Phi-

Die Geschichtsschreibung vermittelte immer den Eindruck, als wäre es der große Staatsmann, der die Geschichte macht, ohne zu berücksichtigen, daß die Hauptrolle in der Geschichte nicht von «dem Menschen», sondern von «den Menschen» gespielt wird. Ausschnitt aus dem Bild einer Versammlung auf dem Wiener Kongreß (1814/15), dessen Vorsitz der österreichische Staatsmann Metternich (1773–1859) führte.

lipp V., Ferdinand VI., Karl III. und Karl IV., da Ludwig I. kaum irgendwelchen Eindruck hinterließ), welche als die treibenden Kräfte der Aufklärung und Erneuerung hingestellt werden. Allerdings scheint der Umstand, daß von diesen vier Bourbonen die beiden ersten als Geisteskranke endeten und daß die beiden letzten Männer mit reichlich kurzem Verstand waren, für diejenigen, welche solche absurden Mythen in die Welt setzen, kein Anlaß zum Nachdenken zu sein.

Geschichte der Könige und Staatsmänner Mit dem Verschwinden der absoluten Monarchien und dem Übergehen der Regierungsverantwortung von den Königen auf ihre Minister wurde dieser Mythos der Form nach angepaßt, aber er blieb seinem Inhalt nach unverändert. Die Rolle, die zuvor dem Souverän zugeschrieben wurde, wurde nun übertragen auf die Staatsmänner. Die akademische Geschichte hat der Veröffentlichung des Briefwechsels der großen Minister des 19. und 20. Jahrhunderts, der detailgetreuen Auslegung ihres Handelns und der Ausleuchtung ihrer Biographie Tausende von Buchbänden und Tonnen von Papier gewidmet. Ein beredtes Beispiel dafür haben wir mit Klemens Metternich (1773–1859). Die überaus umfangreiche Bibliographie über diesen Mann scheint die Behauptung zu bestätigen, es habe so etwas wie eine «Ära Metternich» gegeben: eine Etappe in der Geschichte Europas, die so aussah, wie es der österreichische Kanzler gewollt hatte. Daß diese «Ära» schließlich mit donnerndem Getöse zusammenbrach, ohne daß dies dem Sieg eines anderen großen Staatsmanns – eines Anti-Metternich – zuzuschreiben wäre, sondern daß die Gründe für diesen Zusammenbruch in dem drängenden Aufstieg jenes Komplexes gesellschaftlicher Kräfte zu suchen sind, der mit der Revolution von 1848 verbunden ist, läßt eine derart grobe Vereinfachung schwerlich akzeptabel erscheinen.

Dennoch hat einer der letzten Bewunderer Metternichs, US-Außenminister Henry A. Kissinger, es fertiggebracht zu schreiben, die Dokumente der Periode Metternichs ließen «keinen Zweifel daran, daß über eine Generation lang in Europa nichts geschah, was nicht von Metternich gestaltet worden wäre, sei es direkt oder sei es durch seine Opposition». Diese Einbildung, daß der große Staatsmann mit seinen Händen die Geschichte schmiede, schien das diplomatische Handeln Kissingers zu beseelen, der gerne die Rolle eines Metternich der zweiten Hälfte des 20. Jahrhunderts spielen und wie sein Vorbild «eine Politik des Konservatismus in einer revolutionären Epoche» praktizieren möchte.

Dabei reicht es nicht einmal aus, das öffentliche Auftreten und das politische Denken des Staatsmanns zu kennen; nein, man muß sich auch noch in sein intimstes Privatleben vertiefen. Gerald Brenan versucht, den «Irrtum» von Antonio Cánovas del Castillo (1828–1897), Spanien in einen Krieg gegen die Vereinigten Staaten zu stürzen, auf sein «Verlangen nach Ehre, Macht und Ruhm» zurückzuführen, das in dem alternden Staatsmann durch seine Ehe mit «einer jungen und bezaubernden Frau, in die er sehr verliebt war» geweckt worden sei. Wenn Brenan die spanische Presse jener Zeit wenigstens durchgeblättert hätte, so wäre ihm aufgefallen, daß dieser «Irrtum» von der großen Mehrheit der Spanier einschließlich der vielen, die nicht mit schönen und bezaubernden jungen Frauen verheiratet waren, geteilt wurde.

«Man muß wissen, daß die Geschichte eigentlich Information über die Gesellschaftsorganisation der Menschen ist, die ihrerseits das gleiche ist wie die Weltzivilisation. Sie handelt von den Bedingungen, die etwas aussagen über die Natur der Zivilisation, wie zum Beispiel Wildheit und Geselligkeit, Gruppenempfindungen und verschiedene Formen, in denen eine Gruppe von Menschen Überlegenheit über andere erreicht. Sie handelt von königlicher Machtvollkommenheit und von Dynastien sowie von den verschiedenen Rangstufen, die sie einnehmen. Sie handelt auch von den verschiedenen Weisen gewinnbringender Beschäftigung ebenso wie von den Arten, sich seinen Lebensunterhalt zu verdienen, sei es mit Wissenschaften, sei es mit Ämtern, welche die Menschen als Teil ihrer Tätigkeiten und Anstrengungen suchen, und von allen übrigen Institutionen, welche in einer Zivilisation gemäß ihrer Natur entstehen.»

IBN JALDÚN

Schon seit langem gibt es Stimmen des Protestes gegen die «Geschichte der Könige» (und ihre direkten Erben, die «Geschichte der Staatsmänner») und die «Geschichte der Helden». Mitte des 18. Jahrhunderts (1741–1756), schrieb Voltaire (1694–1778) zu Beginn seines *Versuch über die Sitten und den Geist der Nationen:* «Gegenstand dieser Abhandlung ist es nicht, zu wissen, in welchem Jahr ein Fürst, der es nicht wert ist, gekannt zu werden, die Nachfolge eines barbarischen Fürsten in einer unzivilisierten Nation antrat. Wer könnte so unglückselig sein, sich die chronologische Abfolge aller Dynastien in den Kopf zu stopfen, er hätte nichts als Wörter gelernt.»

Sozialgeschichte, die Geschichte von den Menschen Man braucht nicht viel, um zu merken, daß diese Art von Geschichte, die alles auf das Handeln der erstrangig Handelnden zurückführt, nicht zufriedenstellend ist. Schwieriger ist es schon zu bestimmen, wie eine Geschichte aussehen soll, die die Dinge besser erklärt. Als erstes machen wir darauf aufmerksam, daß man sich bei der Frage danach, wer die Hauptrolle spielt, mit mehr als «dem Menschen» beschäftigen

Rechts: Mechanisierte Spinnwerkstatt Ende des 19. Jh.s. Mit der automatischen Spinntechnik war das Nachschubproblem für die schon viel leistungsfähigere Weberei gelöst, so daß in der Textilindustrie der Rohstoff (Baumwolle) in zwei Produktionsstufen (Garn, Stoff) nun ohne Verzögerung in großen Mengen verarbeitet werden konnte.
Linke Seite: Frauendemonstration bei einem Streik in den französischen Steinkohlebergwerken von Le Creusot 1870 (Nationalbibliothek Paris).
Unten: Gießerei in Brosley, Shropshire (Großbritannien), Ende des 18. Jh.s.

muß: mit «den Menschen». Doch löst dieser einfache Wechsel von der Einzahl zur Mehrzahl nicht das Problem. Offensichtlich kann sich mit «den Menschen» beschäftigen nicht heißen, daß man die Menschen einen nach dem anderen für den Ort und die Zeit, die wir zu verstehen trachten, untersucht, denn dies wäre in den meisten Fällen ein unerreichbares Ziel. Die Alternative besteht darin, sie als Kollektiv, als die Gesellschaft, die sie bilden, zu untersuchen. Deshalb bezeichnet sich die Geschichte, die sich der der großen Gestalten entgegenstellt, gewöhnlich selbst als «Sozialgeschichte». Ganz offensichtlich muß die Art von Geschichte, die wir suchen, die für den Menschen der zweiten Hälfte des 20. Jahrhunderts von Interesse sein und Bedeutung haben kann, eine «Sozialgeschichte» sein, nicht klar ist jedoch, wie man sie schreiben muß.

Die meisten Bücher, die sich selbst als «Sozialgeschichte» bezeichnen, sind bloße oberflächliche Beschreibungen der Sitten und des Alltags der Vergangenheit oder, was noch schlimmer ist, trockene Übertragungen soziologischer Schablonen, die uns, wie H. Perkins, einer ihrer jüngsten Vertreter, sagt: «eine Geschichte der Gesellschaft als Gesellschaft, der Gesellschaftsstruktur in allen ihren verschiedenen und sich verändernden Verästelungen» bieten will.

Eine andere geläufige Auffassung der «Sozialgeschichte» umfaßt Untersuchungen über die Armen und ihr Handeln (die «sozialen Bewegungen») sowie ganz besonders über die Arbeiter und die Gewerkschaftsbewegung. Die Pflege dieser Art von Geschichte ist die Reaktion von Historikern auf ein Merkmal, das sie an der traditionellen Geschichtswissenschaft verachten: die ausschließliche Aufmerksamkeit für die Regierenden und die herrschende Klasse. Sie reagieren damit auf die Klage, die Bertolt Brecht in Verse faßte, als er uns die «Fragen eines lesenden Arbeiters» stellte:

> «Wer baute das siebentorige Theben?
> In den Büchern stehen die Namen von Königen.
> Haben die Könige die Felsbrocken herbeigeschleppt?»

Obwohl diese Art der Geschichte sehr interessante Ergebnisse gezeitigt hat, auf die wir an anderer Stelle noch zu sprechen kommen werden, muß doch darauf hingewiesen werden, daß es nicht ausreicht, den Untersuchungsgegenstand zu wechseln, um die Unzulänglichkeiten der herkömmlichen Geschichte zu beheben. Eigentlich haben die meisten, die sich mit diesen Themen beschäftigt haben, darin eine moralische Rechtfertigung gesucht: nämlich die, sich nicht als Komplicen einer konservativen Disziplin im Dienste der bestehenden Ordnung zu fühlen. Diese Rechtfertigung besitzt Gültigkeit und erklärt das wachsende Interesse von Studenten am Studium der Geschichte der Arbeiterbewegung. Doch zuweilen wird sie auch benutzt, um sich um theoretische Probleme herumzudrücken, welche der Geschichtswissenschaftler angehen und für die er eine Lösung anstreben muß. Der größte Teil der Untersuchungen, die diesen Themen gewidmet werden, überträgt lediglich die traditionellen Methoden der politischen Geschichte, nur daß jetzt die Persönlichkeiten andere sind: der Platz, der in den alten Büchern für die Könige und Prinzessinnen reserviert war, wird jetzt von Arbeiterführern eingenommen; wurden früher die Seiten zur Erklärung einer Schlacht oder eines Vertrages verwandt, so gehören sie heute Streiks und Gewerkschaftskongressen. Der Kostümwechsel macht aus der alten noch keine neue Geschichte. Sie ist wie ein Drama von Calderón de la Barca mit modernen Kostümen. Auf diesem Weg kommen wir, wie es scheint, nicht zur Konstituierung einer wirklichen Geschichte der Gesellschaft.

Geschichte schreiben...

...sei eine Art, sich das Vergangene vom Halse zu schaffen, schrieb Goethe.

Geschichte sei einfach ein bedrucktes Stück Papier, meinte Bismarck. Und darin gleicht sie wohl dem Gelde. Ein bunt bedrucktes Papier, mit Ehrfurcht behandelt.

Auch Geld hat Geschichte gemacht. Nicht direkt, aber mittelbar. War ein Herrscher der Mittel bar, machte er Geschichten, die Geschichte wurden.

Geld macht auch Zukunft. Und Geld sparen ist eine Art, sich den düsteren Teil der Zukunft vom Halse zu schaffen.

Welche Faktoren bestimmten das Leben einer größtmöglichen Anzahl von Menschen? Groß ist jedoch die Zahl der akademischen Historiker, die es mißbilligen, daß «die Massen», die Armen, in den Vordergrund treten, jene, die in ihren Büchern nie einen Platz fanden, es sei denn als Zuschauer des Triumphes oder der Niederlage ihrer Helden, als «Volk» oder «Pöbel» je nach dem, ob sie für oder gegen die vom jeweiligen Autor vertretenen ideologischen Prinzipien standen. Auf diese Weise ist das alte und unwesentliche Problem der Rolle des Individuums in der Geschichte wieder auf den Plan gerufen worden; so ist es wieder zur Gegenüberstellung von Held und Masse gekommen; und dieses Thema wird immer und immer wieder erörtert, ohne daß man merkt, daß es sich dabei um ein falsches Dilemma handelt, denn Individuum und Masse handeln gewöhnlich auf unterschiedlichen Ebenen. Massen, soziale Gruppen haben vor allem mit langfristigen historischen Veränderungen zu tun, Individuen mit konkreten Einzelgeschehnissen. Sie sind wie Flut und Welle, erst beide zusammen machen erklärlich, warum das Meereswasser sich auf das Land zubewegt.

Wenn man diese beiden Ebenen verwechselt, dann kommt dabei solcher Unsinn wie die alte Behauptung heraus, wenn Kleopatras Nase länger gewesen wäre, dann hätte die gesamte Geschichte anders verlaufen können. Doch gehören dazu sehr vielfältige Elemente, die von zu vielen Faktoren bestimmt werden, als daß ein solch trivialer und unbedeutender Umstand sie alle beeinflussen könnte. Eine Kleopatra mit allzu langer Nase hätte vielleicht die politische Geschichte Ägyptens jener Zeit oder gar, wenn auch in geringerem Maße, die Geschichte Roms anders verlaufen lassen können. Aber man muß über eine krankhafte Phantasie – und reichlich wenig Verstand – verfügen, um anzunehmen, dieser Umstand hätte den Niedergang des Römischen Reiches, die Krise der Sklavenhalterwirtschaft und das nachfolgende Aufkommen der Feudalgesellschaft verhindern können.

Wir können also einen ersten vorläufigen Schluß ziehen: Die Hauptrolle in der Geschichte spielt der Mensch in der Gesellschaft. Es sind die Menschen als Gesamtheit, Staatsmänner, Helden und Genies eingeschlossen, aber auch die Arbeiter, die Bauern und die Bedürftigen. Sie alle sind Handelnde, als einzelne

---

«Zweifelsohne wird Geschichte mit geschriebenen Dokumenten gemacht. Aber man kann, ja man muß sie auch ohne geschriebene Dokumente machen, wenn es sie nicht gibt. Mit allem, was dem Einfallsreichtum des Historikers brauchbar erscheinen mag, um in Ermangelung der üblichen Blumen seinen Honig hervorzubringen. Mit Worten also. Mit Zeichen. Mit Landschaften und mit Dachziegeln. Mit Ackerformen und Unkraut. Mit Mondfinsternissen und Pferdehalftern. Mit fachkundigen Steinprüfungen von Geologen und Untersuchungen metallener Schwerter durch Chemiker. Mit einem Wort: mit allem, was vom Menschen ist, vom Menschen abhängt, dem Menschen dient, den Menschen zum Ausdruck bringt und die Anwesenheit, die Tätigkeit, die Geschmäcker und die Lebensweisen des Menschen bedeutet.» LUCIEN FEBVRE

und als soziale Gruppen, denen sie angehören; und das Ziel einer neuen Geschichte muß es sein, von dem zu sprechen, was die größtmögliche Zahl von Menschen anging, was ihr Leben prägte und ihre Schicksale bestimmte.

Somit können wir zu einem zweiten Thema übergehen: Mit welchen Aspekten des menschlichen Lebens in der Gesellschaft soll sich die Geschichte beschäftigen?

Mit welchen Aspekten des menschlichen Handelns soll sich Geschichte beschäftigen? Die traditionelle Geschichte stellte das politische Leben in den Mittelpunkt ihres Universums, sei es in der Form kriegerischer Aktivitäten oder internationaler diplomatischer Beziehungen, sei es auf nationaler Ebene in der Form der Entwicklung der Regierungsinstitutionen und der Gesetzgebung. Schlachten, Gesetze und Verträge waren ihre Grundelemente. Neben seiner Anklage der «Geschichte der Könige» griff Voltaire auch die ausschließliche Beschäftigung der Historiker mit politischen und militärischen Tatsachen an: «Eine Schleuse des Kanals zwischen den Zwei Meeren, ein Gemälde von

Oben: Arbeitsgroßraum einer Transistorenfabrik in Osaka, Japan. Es gibt in den Sozialwissenschaften eine Tendenz, sich unter Anwendung toter naturwissenschaftlicher Erkenntnisse mit menschlicher Arbeitsfähigkeit zu beschäftigen, um einen Sinn in einem marktorientierten Leistungssystem zu rechtfertigen. Links: Vorstadt-Slums von Bombay, Indien.

Poussin, eine schöne Tragödie», so verkündete er, «sind tausendmal wertvoller als alle Hofchroniken und alle militärischen Feldzugsberichte.»

Aber die «Kulturgeschichte», die aus dieser moralischen Verurteilung entstand, stellte sich als ebenso minoritär und beschränkt heraus wie die andere, da die Kultur, die man untersuchte, die der herrschenden Klasse war. Wie sollten wir die Gesellschaften der Vergangenheit durch ihre geschriebene Kultur verstehen lernen, wenn es in diesen Gesellschaften mindestens bis Mitte des 19. Jahrhunderts 80 bis 90 Prozent Analphabeten gab? Und von dieser Schriftkultur empfängt obendrein auch nur die oberste Schicht, die minoritärste, die Aufmerksamkeit der Forscher. Das was wir gewöhnlich als «Volkskunst» oder «Volksliteratur» bezeichnen– was oft genug gleichbedeutend ist mit: «für das Volk» und nicht «vom Volk» hervorgebracht –, wird erst in zweiter Linie beachtet, gewissermaßen als eine malerische Erscheinung, die mit der gleichen Herablassung betrachtet wird, wie wir sie den Kulturen der Naturvölker, die es noch gibt, entgegenbringen. Andererseits will sich diese Kulturgeschichte der führenden Minderheiten im allgemeinen aus sich selbst heraus erklären, ohne auf andere Angaben des gesellschaftlichen Handelns zurückzugreifen. Ein literarisches Werk wird aus seinen literarischen Vorgängern, mit den Werken erklärt, die schon zuvor geschrieben worden sind und die auf den Autor einen Einfluß ausgeübt haben können; eine wissenschaftliche Theorie als Ergebnis der autonomen Entwicklung des wissenschaftlichen Denkens, als Tochter früherer Theorien.

Wie umfassend ist eine Kultur- oder Geistesgeschichte? Das erklärt, wie es zu solchen extremen Positionen hat kommen können, wie sie George A. Sarton (1884–1956) vertrat, der sich vornahm, eine «Geistesgeschichte der Menschheit» zu schreiben, wozu die Wissenschaftsgeschichte, die Kunst- und Religionsgeschichte gehören sollte, während sie vollkommen losgelöst war von der «materiellen Geschichte», von den irdischen Tatsachen des menschlichen Lebens: von Geburt und Tod, vom Existenzkampf und vom Kämpfen für eine gerechtere Welt, von allem also, was eigentlich das Wesen des Menschlichen ausmacht. Es mag noch so wohlgemeint sein, wenn einige Forscher sich von den Kriegen und Verträgen ab- und dem Kulturgeschehen zuwandten; es ist allzu offensichtlich, daß dies nicht der Weg war, um zu einer wirklichen Sozialgeschichte zu gelangen. Wenn man damit diejenigen bekämpfen wollte, die sich der systematischen Belobigung der kriegerischen Eroberer und der Rechtfertigung des bestehenden politischen Systems hingaben, dann wäre die richtige Antwort gewesen, eine kritische Untersuchung zu betreiben, die den anderen geholfen hätte zu verstehen, was diese Eroberer darstellten und von welchen konkreten Interessen sich das politische System leiten ließ, aber nicht die Flucht in harmlose Lobeshymnen auf Kunst und Literatur. In gewisser Weise war auch das Schweigen eine Form des Komplicentums; es darf uns also nicht wundern, daß die «Kulturgeschichte» zu einer im Grunde minoritären und konservativen Disziplin geworden ist, die niemandem gültige Antworten zu geben pflegt, der Erklärungen sucht, um die Welt, in der er lebt, zu verstehen.

Reicht die Geschichte vom Dampf und den Maschinen aus? Interessanter schien die Untersuchung der Wirtschaftsentwicklung, denn da es sich dabei um die Reproduktion des Menschen handelt, umfaßt dieser Untersuchungsbereich die Gesamtheit der Menschen, was ihn «sozialer» macht als die Politik- oder Kulturgeschichte. Aber die Wirtschaftshistoriker verfielen Lastern, die jegliche Möglichkeit der Erneuerung zunichte machten. Sie interessierten sich nicht für die Menschen, die am Wirtschaftsgeschehen teilhatten, sondern für dieses Geschehen an sich. Da das Studium der Wirtschaftsgeschichte auf diese Weise die wirklichen Hauptakteure aus den Augen verlor, wurde sie zu einer gebildeten Bemühung um die Erforschung der Entwicklung von Industrie und Handel, Landwirtschaft und Banken, so als könne man derartige Erscheinungen loslösen von den Menschen, die sie hervorgebracht haben. Auf diese Weise kamen haufenweise Monographien zustande, die das Hohelied des Dampfes und der Maschinen sangen, welche die Welt verändert hätten, und die sich großartigen Interpretationen der Industrialisierung hingaben, in denen das Wirtschaftswachstum eine Folge der Verfügbarkeit von Kapital, von Techniken und Märkten zu sein scheint, in denen jedoch kaum Bezug genommen wird auf die Unternehmerprofite oder auf die Löhne und die Arbeitsbedingungen der Arbeiter. Erst

In den Ländern der sogenannten Dritten Welt bestehen verschiedene Produktionsweisen nebeneinander; im Grunde ist jedoch auch schon hier die kapitalistische vorherrschend. Das Kamel als Symbol des Transports und des Reichtums der Vergangenheit vor dem Flugzeug als Symbol der reichen Industriegesellschaft.

Die Eisenbahn war ein wesentliches Element der Kapitalakkumulation in der Zeit der Industriellen Revolution. Zu ihrem Bau benötigte man zum einen eine große Anzahl von Arbeitskräften und Rohstoffen; zum anderen stellte sie einen bedeutenden Fortschritt in der Transportwirtschaft dar. Rechts: Rangierbahnhof von Buffalo, USA, heute.

kürzlich wies Stefano Merli darauf hin, daß die Anhänger der alten ethisch-politischen Geschichte* übergegangen seien zum Studium der industriellen Strukturen und Entwicklung – wobei sie darunter ganz abstrakt eine Tätigkeit verstehen, bei der der Mensch nichts weiter ist als eine Nummer, eine statistische Angabe –, und ihr Ziel sei es, die Rationalität der kapitalistischen Entwicklung zu rechtfertigen und der Wirtschaftsprogrammierung eine Vorhersagegrundlage zu geben. Die Auffassung der Wirtschaftsgeschichte stand in engem Zusammenhang mit der Entwicklung der Wirtschaftstheorie, die zu einem reinen Gebäude von Lehrsätzen geworden war, das alles weit von sich wies, was an politischen und sozialen Faktoren Verwirrung in dieses Lehrgebäude bringen konnte. Allerdings mußten die Wirtschaftswissenschaftler nach dem Zweiten Weltkrieg angesichts des Problems der Armut in der Welt erneut diese äußerlichen Daten der Wirtschaft berücksichtigen. Sie haben dabei entdeckt – oder wiederentdeckt –, daß eine Wirtschaft im Rahmen einer Gesellschaft funktioniert und daß man sie nicht getrennt von ihr erklären kann. Sie richteten ihre Blicke wieder auf die Geschichte, um aus ihr Lehren für die Erklärung der Weiterentwicklung zu ziehen. So konnte K. Griffith sagen, man könne «nur durch die Prüfung der historischen Kräfte, d. h. des Einsatzes der politischen wie der wirtschaftlichen Macht in der Geschichte ... einen tiefen Einblick in die Ursachen der Unterentwicklung erhalten». Diesen neuen Bemühungen der Wirtschaftstheorie entsprechend wird auch die Wirtschaftsgeschichte – besser gesagt, eine Geschichte, die nicht bloß Wirtschaftsgeschichte sein kann, sondern die sich allen Dimensionen des Menschen öffen muß – eine neue Ausrichtung erfahren müssen.

Ein Beispiel für diese neue Form, die menschliche Vergangenheit zu sehen und zu verstehen, ist das, was Pierre Vilar «Gesamtgeschichte» (historia total) genannt hat und was man vielleicht besser als «integrierende Geschichte» bezeichnen sollte, um hervorzuheben, daß es dabei nicht darum geht, eine universelle Synthese aller Angaben zu fabrizieren, welche die Entwicklung der Gesellschaft bestimmen; hier soll vielmehr von einem konkreten Gebiet, von einem bestimmten Aspekt dieser komplexen Gesamtwirklichkeit (z. B. der Untersuchung der Politik, der Wirtschaft oder der Kultur) ausgegangen werden, dabei muß man jedoch bemüht sein, die Angaben anderer Gebiete in diese Untersuchung einzubeziehen, um so leichter zu einem besseren Verständnis des Menschen und der menschlichen Gesellschaften zu kommen. Wenn man zuläßt, daß beispielsweise Politik- und Wirtschaftsgeschichte als zwei getrennte und gewissermaßen unvereinbare Disziplinen betrachtet werden, dann ignoriert man damit, daß Wirtschaft und Politik sich wechselseitig auf das engste bedingen; folglich würden beide als getrennte Geschichten nur eine geringe Reichweite haben und nur sehr oberflächliche Erklärungen der Ereignisse bieten, mit denen sie sich beschäftigen. Denn man kann den Menschen nicht nach seiner politischen Haltung oder nach seiner wirtschaftlichen Tätigkeit oder nach seinem kulturellen Rüstzeug beurteilen; die traditionelle Geschichte, die einen jeden dieser Aspekte völlig für sich betrachtete (oder die dem politischen Eintopf höchstenfalls einige Prisen ökonomischer oder kultureller Würze beimischte), können wir nicht heranziehen, um dies zu verstehen: Sie helfen uns nicht zu verstehen, warum und wie menschliche Gesellschaften sich entwickeln.

Diese letzten Worte enthalten jedoch ein neues Problem. Nämlich die Frage, ob es zulässig ist, das *Warum* der geschichtlichen Entwicklung kennenlernen zu wollen, ob man nach den Ursachen, nach den Gesetzen suchen darf, die den Lauf der Geschichte bestimmen.

Auf der Suche nach den Bestimmungsgründen der Geschichte Kann man die Ursachen der geschichtlichen Ereignisse ergründen? Die Meinungen darüber gehen auseinander.

Für die einen stehen hinter den Taten der Menschen, die letztlich den Inhalt der geschichtlichen Ereignisse bilden, unentzifferbare innerste Motivationen, und der Verlauf der Geschichte ist nichts weiter als die Summe der Handlungen aller ihrer einzelnen Akteure. Wenn das Verhalten eines Menschen unvorhersehbar ist, wenn es nicht auf ein universelles Spiel von Ursachen und Wirkungen zurückgeführt werden kann – denn verschiedene Personen reagieren auf dieselben äußeren Reize sehr unterschiedlich –, wie könnte man dann auf den Gedanken kommen, daß das Verhalten von Tausenden von Einzelwesen auf gewisse gemeinsame Ursachen zurückgeführt werden kann? Einmal ganz abgesehen davon, daß irgendein kleiner Zufall in einem bestimmten Augenblick das Schicksal eines Menschen wandeln und den Kurs der Geschichte ändern konnte. Etwa in der Nacht vom 13. auf den 14. Oktober 1918, als die Briten bei Werwick, in der

Die Anhänger geschichtlicher Vorstellungen, die historische Entwicklung in biologischen (rassistischen) Faktoren sehen, kamen bei der Erklärung des Fortschritts der Völker, die sie zu den niederen Rassen zählten, in Schwierigkeiten, so daß sie sich ausgewählte Minderheiten erfinden mußten, die über die Köpfe der passiven Massen hinweg zu den Triebkräften der Geschichte geworden sein sollen. Die Abbildung zeigt eine Ansicht der Ruinen von Teotihuacán (erbaut im 3.–6. Jh.), Mexiko, mit der Sonnenpyramide.

Nähe von Ypres, einen Gasangriff auf die deutschen Truppen ausführten und der Gefreite Adolf Hitler auf Grund dessen zeitweise sein Sehvermögen verlor. Was wäre geschehen, wenn Hitler sich zum Zeitpunkt des Angriffs an einem Ort befunden hätte, an dem ihn das Gas hätte töten können? Hätte der Nazismus unter der Führung eines anderen Mannes die gleichen Siege erringen können? Wäre er dann in Deutschland an die Macht gekommen? Der Fall gesetzt, wir verneinen die vorstehende Frage: Wäre dann der Zweite Weltkrieg ausgebrochen? Romanautoren gefällt es, ihrer Phantasie freien Lauf zu lassen und darüber nachzudenken, was geschehen wäre, wenn ein Zufall irgendein entscheidendes Ereignis verändert hätte: wenn beispielsweise Napoleon die Schlacht bei Waterloo gewonnen hätte. Derartige Fleißarbeiten sind lediglich die Folge der Unkenntnis über die Faktoren, welche die Entwicklung der Gesellschaften bestimmen.

Vor über zweihundert Jahren schrieb Charles Louis de Secondat, besser bekannt als Montesquieu (1689–1755), einige Worte, die derartige Trugschlüsse ins rechte Licht setzen: «Nicht Fortuna bestimmt den Lauf der Geschichte. Es gibt allgemeine Ursachen, physische und moralische, die in jeder Monarchie wirken, die sie hochkommen lassen, aufrechterhalten und zu Fall bringen. Alle Zufälle unterliegen diesen Ursachen; und wenn es sich so ergibt, daß eine Schlacht, ein einzelner Grund also, einen Staat ruiniert hat, dann nur, weil es einen allgemeinen Grund gab, der bewirkte, daß dieser Staat wegen einer einzigen Schlacht dahinscheiden mußte: mit einem Wort, alle einzelnen Zufälle liegen auf dem Hauptweg.» Wenn es in der Geschichte keine erkennbare Verkettung von Ursachen und Wirkungen gäbe, wenn alles von irgendwelchen unvorhersehbaren Zufällen abhängen könnte, so würde sich die Rolle des Historikers darauf reduzieren, das Geschehen zu erzählen, ohne den Versuch zu unternehmen, es zu verstehen oder zu erklären, «Tatsachen aneinander zu reihen und sie mit Geschick zu erzählen», wie Gabriel Bonnot de Mably (1709–1785) sagte. Er war es auch, der diese Auffassung des Historikers zurückwies und dafür eintrat, seine Aufgabe müsse es sein, «die Ursachen der Ereignisse und die Kette, die sie verbindet, zu entdecken». In großen Zügen kann man sagen, daß alle verantwor-

Oben: Entgegen der geopolitischen Schule, die eine Beeinflussung des Menschen durch die geographische Umgebung annimmt, schlägt Lucien Febvre vor, die Art der Wechselwirkung beider Faktoren – des menschlichen und des geographischen – sowie das Verhältnis zwischen den Menschen zu erforschen. Links: «Die Hand Gottes», Symbol der Vorsehung der Geschicke des Menschen, die dessen Vorstellungsvermögen übersteigt.

tungsbewußten Historiker darin übereinstimmen, daß es allgemeine Ursachen gibt, welche die Entwicklung der menschlichen Gesellschaften erklären. Geteilter Meinung sind sie über die Natur solcher Ursachen.

«Der Mensch denkt – Gott lenkt» Für die Vorsehungs-Apostel sind die Geschehnisse von «den geheimen Anordnungen der göttlichen Vorsehung» abhängig. Der französische Bischof Bossuet (1627–1704) stritt ab, daß Zufall oder Fortuna Einfluß auf die Geschicke der Menschen hätten und sagte: «Gott hält vom höchsten aller Himmel die Zügel aller Königreiche in seinen Händen; in seiner Hand liegen alle Herzen: Er ist es, der die Leidenschaften zügelt und der ihnen freien Lauf läßt und der so das Menschengeschlecht bewegt.» Für Leopold von Ranke (1795–1886) ist das, was wir mit Zufall oder Schicksal bezeichnen, schlicht

Hinter großen architektonischen Leistungen, die im allgemeinen unter dem Namen eines Königs oder eines Helden bekannt sind, verbirgt sich die namenlose Arbeit tausender Menschen, der eigentlichen Erbauer der Geschichte. Die Abbildung zeigt die Sphinx von Gizeh und die Cheops-Pyramide, Ägypten (die Pyramide z. B. wurde 2600 v. Chr. fertiggestellt von Menschen, die ohne Zugtiere und ohne Rad arbeiteten: sie besteht aus mehr als zwei Millionen Steinblöcken).

«der Finger Gottes»: wenn sein Tun uns zufällig erscheint, dann deshalb, weil wir nicht imstande sind, die ihm innewohnende Logik zu verstehen. Eine solche Auffassung, die Faktoren, welche jenseits des menschlichen Begriffsvermögens liegen, einen hervorragenden Platz einräumt, macht jegliche Wissenschaft unmöglich, denn wenn es uns nicht möglich ist, die Logik des göttlichen Tuns zu begreifen, können wir auch keine Gewißheit haben, daß «der Finger Gottes» nicht irgendwann einmal eingreift, um die Bahn eines Planeten oder den Schmelzpunkt eines Metalls zu verändern.

Andere Historiker haben einfache und umfassende Erklärungen darin gesucht, daß sie annahmen, das menschliche Leben werde durch einen konkreten, leicht herausfindbaren Faktor bedingt. Eine Durchsicht dieser Determinismen könnte leicht zu einer Sammlung der malerischsten Einbildungen anwachsen. Daher beschränken wir uns darauf, solche Faktoren zu benennen, denen die größte Aufmerksamkeit gezollt wurde, und solche Strömungen zu erwähnen, die den größten Einfluß unter den Historikern gehabt haben.

Klima und Boden als Beeinflusser der Geschichte Es hat viele Versuche gegeben, in den geographischen Faktoren – in der geographischen Lage, der Verfügbarkeit natürlicher Reserven und vor allem auch im Klima – den Schlüssel zur Dechiffrierung des Verlaufs der geschichtlichen Ereignisse zu suchen. Das bekannteste Beispiel ist das der deutschen Geopolitik*, die eine fatalistische Sichtweise der Verhältnisse zwischen den Menschen und dem Boden, auf dem sie leben, bieten. «Ein Volk soll auf dem Land leben, das ihm vom Schicksal zugewiesen worden ist, auf ihm soll es sterben, und seine Gesetze soll es erdulden», sagte Friedrich Ratzel (1844–1904). In diesem «Erdulden seiner Gesetze» liegt das zentrale Element der geopolitischen Auffassung, die heute in ihren extremen Formen von den meisten Geschichtswissenschaftlern abgelehnt wird, die jedoch in mehr oder minder verkleideter Form noch vielen Erklärungsversuchen für Erscheinungen der Vergangenheit unterliegen. Immer wenn man uns zeigen will, in welcher Weise die geographische Umwelt die Menschen beeinflußt hat, sollten wir den Verdacht hegen, daß wir es mit einer mehr oder weniger gut verhüllten deterministischen Erklärung zu tun haben. Die richtige Art und Weise, sich diesem Thema zu nähern, so würde Lucien Febvre (1878–1956) sagen, ist es nicht, sich nach dem «Einfluß» des Bodens und des Landes auf die Menschen zu fragen, sondern herauszufinden, «welcher Art die Beziehungen der menschlichen Gesellschaften zur geographischen Umwelt sind».

Vor allem das Klima ist zu Erklärungen herangezogen worden, die den Anspruch stellten, alle Geheimnisse der Geschichtsentwicklung aufzudecken. In einem scheinbar wissenschaftlichen Buch machte Ellsworth Huntington (1876–1947) den Versuch, geschichtliche Erscheinungen einfach darauf zurückzuführen, daß sie Folgen der Veränderung des Wanderweges von Wirbelstürmen seien; diese hätten der Atmosphäre Ozon zugeführt und so die Tätigkeit der Menschen angeregt. Aus der atmosphärischen Elektrizität und den Flutwellen des Ozons, die durch die Wirbelstürme verursacht worden seien, lasse sich der «Unternehmungsgeist des Marco Polo und seiner Mitbürger», ja sogar die Renaissance erklären. In anderen Fällen hat man versucht, in den Sonnenflecken und deren Einfluß auf die Ernten den Bestimmungsfaktor für den Rhythmus der Wirtschaftstätigkeit: der Phasen des Aufschwungs und der Krisen, zu suchen. Oder man wollte die zunehmende Trockenheit zur Ursache der spanischen Deka-

Links: Deutsches Propagandaplakat zur Zeit der Besetzung Frankreichs im Zweiten Weltkrieg, das französische Männer auffordert, in Nazi-Deutschland zu arbeiten («Für die Ablösung, für die Familie, für Frankreich»).

denz des 17. Jahrhunderts machen. Wenn man derartige Hirngespinste – die zuweilen auf einer statistischen Grundlage aufbauen, welche ihnen einen falschen Schein von Seriosität verleiht – unter die Lupe nimmt, dann verflüchtigt sich die Täuschung. Was man heutzutage tun kann, ist, das Verhältnis zwischen den örtlichen Klimabedingungen, vor allem der Regentätigkeit und Sonnenscheindauer, und den Umfang der Ernten zu beobachten. Das ist reichlich wenig, um daraus die gesamte Geschichte auf der Grundlage des Klimas zu erklären.

Rassentheorien Die Erklärung für die geschichtliche Entwicklung ist auch in biologischen Faktoren: in «der Rasse», gesucht worden. Jede menschliche Rasse habe bestimmte eigene Geistesmerkmale, die angeblich ihre Handlungsmöglichkeiten bedingen. Sie seien unterschiedlich, und dieser Unterschied schließe ein, daß bestimmte Rassen anderen überlegen seien. Die überlegene Rasse – in der Regel gerade diejenige, der der jeweilige Autor angehört – sei dazu bestimmt, die anderen zu beherrschen. Zu Beginn des 18. Jahrhunderts wollte man die hierarchische Struktur der französischen Gesellschaft des Ancien régime durch eine rassistische Hypothese erläutern: Der Adel werde von Abkömmlingen der alten Franken gebildet, während die übrige Bevölkerung von den Kelten abstamme,

Die Naturwissenschaften wurden häufig dafür ausgenutzt, Theorien von der Überlegenheit der einen und der Unterlegenheit der anderen Rasse zu beweisen. Erklärungen für geschichtliche Entwicklungen wurden von der Geschichtswissenschaft immer wieder in «biologischen» – in rassistischen – Faktoren gesucht. Die erschreckendsten Beispiele des offenen Rassismus unserer Zeit sind die Judenverfolgungen im Dritten Reich, die Diskriminierung Farbiger, besonders der Schwarzen, in den USA und die Politik der Apartheid in Südafrika. Die Idealisierung der Rasse nahm in der Antike in der griechischen Skulptur Gestalt an.

von denen man annahm, sie besäßen geringere geistige Fähigkeiten. Es war auch ein Franzose, Joseph Arthur (1816–1882), der als erster eine allgemeine Theorie der Ungleichheit der Rassen formulierte. Im Rahmen dieser Theorie stand der Nordwest-Europäer auf dem Höhepunkt der menschlichen Stufenleiter, gewissermaßen als Prototyp, der dann allmählich über britische und deutsche Theoretisierungen zum blonden und blauäugigen Teutonen wurde, dem allerhöchsten Ausdruck menschlicher Perfektion. Ärgerlicherweise wies die Geschichte jedoch auch großartige politische und kulturelle Leistungen außerhalb des germanischen Lebensbereiches auf. Daher mußte man dann germanische Minderheiten erfinden, die sich gegen die dummen und passiven Massen dieser dunkelhäutigen und dunkeläugigen Völker durchsetzten und so alles hervorbrachten, was lohnenswert war, beansprucht zu werden: die Ausdehnung des Römischen Reiches, die Pyramiden Ägyptens oder die großen Kulturen Amerikas vor ihrer Entdeckung durch Kolumbus.

Der Rassismus diente als Rechtfertigung für Sklaverei und Imperialismus. Wenn der weiße Mann – wie es R. Kipling (1865–1936) ausdrückte – die schwere Last auf sich nahm, die farbigen Eingeborenen zu zivilisieren und glücklich zu machen, dann war es doch wohl nur das wenigste, daß diese ihn mit ihrer Arbeit erhielten. Am kräftigsten blühten rassistische Auffassungen in der ersten Hälfte des 20. Jahrhunderts in Deutschland auf, wo der Germane gerühmt wurde, der sich dann in der Überzeugung, er müsse die Welt beherrschen, und mit der lobenswerten Absicht, die Art zu verbessern, daran machte, die Welt von anderen, konkurrierenden Rassen zu entvölkern. Das katastrophale Ende des *Herrenmenschen*, der von niederen Völkern besiegt wurde, schien derartige Lehren zum Schweigen zu bringen. Aber die üblichen Geschichtsinterpretationen – wie sie in den Schulen Europas und Amerikas den Kindern beigebracht werden – sind zutiefst vom Rassismus geprägt. Im Grunde erzählen sie nur die Geschichte des weißen Mannes und weisen den übrigen lediglich Statistenrollen zu. Die Menschheitskultur scheint in Griechenland entstanden zu sein und entwickelte sich in Europa, und grundlegende Tatsachen werden einfach «vergessen», so etwa, daß wir den Chinesen die Druckkunst, das Schwarzpulver, den Kompaß,

Rechte Seite: Militär auf dem Roten Platz in Moskau 1917, dem Jahr der Oktoberrevolution, die das feudale System des alten zaristischen Rußland vernichtete, um die Bedingungen für eine sozialistische Gesellschaft zu schaffen. Unten: Der «Blutige Sonntag» in den Straßen von Petersburg 1905, eine friedliche Demonstration mit einer Bittschrift für den Zaren, vom Militär niedergeschossen, führte zur ersten russischen Revolution.

mechanische Uhren, Steigbügel und Geschirr der Pferde, Kanalschleusen und eine lange Reihe von weiteren grundlegenden Entwicklungen zu verdanken haben. In den meisten unserer Geschichtsbücher steht z. B., daß Frankreich sich Algeriens bemächtigte, um sich vor dem Piratentum muselmanischer Kleinkönigtümer zu schützen, aber dabei wird vergessen zu erklären, daß diese nordafrikanischen Königreiche ihrerseits Opfer europäischer Piraterie waren, die sie daran hinderte, auf normale Weise Handel zu treiben und sie zwang, sich dem Piratentum zu widmen, um davon zu leben.

Ökonomismus Viele haben versucht, die Handlungen der Menschen ausschließlich mit dem Einfluß ökonomischer Faktoren zu erklären. Es muß jedoch klargestellt werden, daß dieser «Ökonomismus» – der behauptet, die ökonomischen Beweggründe würden direkt und unmittelbar die Verhaltensweisen der Menschen bewirken – nicht verwechselt werden darf mit dem Theoriegebäude des historischen Materialismus, der als Vermittlung zwischen Wirtschaft und Mensch eine ganze Reihe von Zwischengliedern einführt. Der Ökonomismus hatte in den Vereinigten Staaten enorme Bedeutung, wo Edwin R. Seligman (1861–1934) davon ausging, daß «der wirtschaftliche Faktor die größte Bedeutung in der Geschichte gehabt habe»; zugleich wandte er sich gegen den Marxismus. Der berühmteste Vertreter dieser Richtung war Charles A. Beard (1874–1948), der mit seinem Buch *Eine ökonomische Interpretation der amerikanischen Verfassung* (1913) die öffentliche Meinung in den USA in Aufregung versetzte. In diesem Buch versuchte er zu beweisen, daß die «Väter des Vaterlandes», die die Auffassung erstellt hatten, den oberen Klassen angehörten, welche bestrebt seien, die Verfassung zur Verteidigung ihrer Interessen – insbesondere des Rechts auf Eigentum – gegen den befürchteten Ansturm der Volksmehrheit zu benutzen. Als ihm daraufhin vorgeworfen wurde, er sei «eine Hyäne, die die Gräber der toten Patrioten schände», erklärte Beard, er habe herausgefunden, von welchen Beweggründen sich die Politiker leiten ließen, weil er mitangehört habe, wie sie privat in aller Offenheit miteinander sprächen, etwa die Freunde

1940, Rückzug der französischen und englischen Truppen vor den Deutschen nach England von Dünkirchen, Nordfrankreich, aus.

seines Vaters – eines wohlhabenden Grundbesitzers in Indiana, der der liberalen Partei angehörte –, wenn sie sich in dessen Haus trafen. Ganz im Gegenteil zu den gängigen Annahmen ist der Ökonomismus kein besonderes Merkmal linker Historiker, sondern häufig unter eher konservativen Sozialwissenschaftlern verbreitet. Das ist etwa bei Walt W. Rostow (* 1916) der Fall, dem Berater der Präsidenten Kennedy und Johnson, der versucht hat, «soziale Spannungen» mit den Weizenpreisen und dem Gang der Geschäfte zu erklären; er behauptet auch, die russische Revolution hätte vermieden werden können, wenn der Erste Weltkrieg zehn Jahre später begonnen hätte, da bis zu diesem Zeitpunkt die Industrialisierung Rußlands so weit fortgeschritten gewesen wäre, daß das Land immun gewesen wäre gegen die revolutionäre Ansteckung. Er vergißt dabei, daß es viele Gründe gab, welche, ohne daß sie irgend etwas mit dem industriellen Wachstum zu tun hatten, in hohem Maße zum Zerfall des Zarismus beitrugen.

Die Versuche einer umfassenden Erklärung der Geschichte durch das Wirken eines dominanten Faktors sind gegenwärtig nicht sehr angesehen. Es gibt jedoch andere, komplexer erscheinende Interpretationsformen, die noch bösartiger sind als diese versimplifizierenden Determinismen. Ich meine die Geschichtsmorphologien*, die von sich behaupten, sie seien wie ein Dietrich, der bequem alle Türen der Geschichte öffnen könne.

Morphologien: Spengler und Toynbee Die Urheber von geschichtlichen Morphologien suchen in der Vergangenheit große, sich wiederholende Regelmäßigkeiten, immer wiederkehrende Kreisläufe, deren Kenntnis uns nicht nur die Vergangenheit zu verstehen, sondern auch die Zukunft vorherzusagen erlaubt, denn wenn wir wissen, an welchem Punkt eines Geschichtszyklus wir uns befinden, fällt es uns nicht schwer, Vergleiche zum Ablauf der Geschehnisse in ähnlichen Phasen früherer Kreisläufe anzustellen und so im voraus zu wissen, was bis zum Ende des laufenden Zyklus geschehen muß. Es gibt zwar viele solcher Versuche, morphologische Interpretationen der Geschichte zu konstruieren, doch beschränken wir uns hier auf die beiden Versuche, welche die größte Verbreitung gefunden haben: die Morphologien von Spengler und Toynbee.

1922 veröffentlichte der Deutsche Oswald Spengler (1880–1936) ein spektakuläres Buch, das einen beträchtlichen Erfolg zu verzeichnen hatte: *Der Untergang des Abendlandes*. In Anknüpfung an neukantianische Ideen glaubte Spengler, man müsse sich in der Geschichtsschreibung im Unterschied zu den Wissenschaften, wo unter Ausnutzung der ihnen eigenen und spezifischen Gesetze gearbeitet werde, der Intuition bedienen. Der Morphologie in den Naturwissenschaften, die auf der Grundlage eines Vergleichs der Angaben der Wirklichkeit, welche sich aus dem Studium ihrer Formen ergeben, Kausalbeziehungen sucht und Gesetze aufstellt, stellte er eine Geschichtsmorphologie gegenüber, die das gleiche tue, dafür aber als Arbeitsmethoden «die Betrachtung, den Vergleich, die unmittelbare innere Gewißheit, die richtige Einbildungskraft der Sinne» benutze.

«Arbeitslosigkeit», Gemälde von Isaac Soyer: erwerbslose Arbeiter auf einem amerikanischen Arbeitsamt während der Wirtschaftskrise zwischen den beiden Weltkriegen.

Da Vorurteile und parteilicher Geist zu Irrtümern führen könnten, müsse sich die Betrachtung auf einen Horizont von Tausenden von Jahren richten und als Garantie für Unparteilichkeit eine Distanz zwischen Beobachter und Beobachtetem anstreben. Aus der Ferne betrachteten wir das Nebeneinander und Nacheinander der Kulturen, von denen eine jede ein in sich geschlossenes, eigentümliches und unwiederholbares Phänomen sei, das sich jedoch in Phasen entwickele, die man mit denen anderer Kulturen vergleichen könne, so wie es der Naturforscher tut, der mit Methoden aus der Wissenschaft allgemein die Organe verschiedener Pflanzen oder Tiere vergleicht. Spengler führt uns auf diese Weise in ein Spiel mit Analogien ein, das sich als ebenso leicht wie anregend erweist. Die zu vergleichenden Elemente sind Kulturen, die in tausendjährigen Zyklen wachsen, sich entwickeln und untergehen, um von anderen abgelöst zu werden. Die abendländische Kultur, in der wir heute leben, läßt sich beispielsweise mit anderen, älteren Kulturen (Ägypten, Babylon, Indien, China, Antike, Mexiko) vergleichend untersuchen, um so zu einem Verständnis des Verfalls, dem sie ausgesetzt ist, und des Schicksals, das sie erwartet, zu gelangen.

Wie läßt sich der Erfolg eines derart trivialen Denkens erklären? In erster Linie muß daran erinnert werden, daß Spengler den Untergang der Zivilisation in einem krisengeschüttelten Deutschland predigte. Es ist nicht verwunderlich, daß er Mitglied der Nationalsozialistischen Partei wurde und daß die Nazis ihn zum Symbol erhoben, bis sie, nachdem sie an die Macht gelangt waren, merkten, daß dieser Prophet, dieser Künder der nahenden Katastrophe, ihnen im Wege war und sich seiner entledigten, um ihn in der Vergessenheit sterben zu lassen. Überdies hatte Spengler das Verdienst, die Geschichte den Geschichtsgelehrten – der trockenen Gelehrsamkeit – zu entreißen und sie mit schillerndem Stil dem Mann auf der Straße zu servieren, der so einfache Rezepte erhielt, welche es ihm erlaubten, seine eigenen Erfahrungen, Vergleiche und Entdeckungen zu machen, ohne erst mühselige Studien und Forschungen anstellen zu müssen. Angeregt von Spengler, der ihm zeigte, daß Napoleon und Alexander, Plato und Laplace, die ionische Kunst und der Barock usw. einander in den jeweiligen Kreisläufen entsprachen, konnte der Leser sich daranmachen, seine eigenen Vergleiche aufzustellen und die Geschichte höchstpersönlich neu zu interpretieren.

Im Unterschied zu Spengler ist Arnold J. Toynbee (1889–1975) Historiker von Beruf, was seinem Werk größere Achtung eingebracht und seinen Hirngespinsten Gehör in akademischen Kreisen verschafft hat, zu denen Spengler keinen Zugang hatte. Toynbee behauptete, Geschichte dürfe nicht Nationen oder Perioden untersuchen, sondern müsse sich mit «Gesellschaften» beschäftigen. Was bedeutet dieser Begriff genau? Toynbees «Gesellschaften» sind in Wirklichkeit Zivilisationen, von denen er im Verlauf der Geschichte 21 gefunden hat, die sich voll verwirklicht und ihren Lebenskreislauf abgeschlossen haben, drei, die frühzeitig gestorben sind, und fünf, die sich im Stillstand befinden. In jeder Gesellschaft oder Zivilisation könne man die gleichen Phasen oder Etappen feststellen: 1. nach einer Sturm- und Drang-Periode wird ein Weltreich geschaffen; 2. wenn der Universalstaat zerfällt und die Zivilisation ihre Lebenskraft verloren hat, schafft ein inneres Proletariat eine «Kirche» und ein weiteres äußeres bringt eine Wanderung barbarischer Völker hervor. Es ist nicht schwer zu erraten, daß dieser Spezialist für Geschichte der Klassischen Antike sein Modell an der Entwicklung Roms orientiert und ihr einen Gutteil seiner Begriffe und Bezeichnungen entlehnt hat. Durch welche Triebkraft werden die Gesellschaften auf diesem Weg vorangetrieben? Durch die Einwirkung von Schwierigkeiten, die es zu bewältigen gilt, von Anreizen zu deren Überwindung, welche die inneren Kräfte jeder Gesellschaft in Bewegung setzen und entwickeln. Bei diesem Spiel von Reiz und Reaktion muß jedoch der Anreiz in einem ausgewogenen Verhältnis zur Reaktionsfähigkeit stehen. Wenn die Hindernisse zu zahlreich und schwierig sind, kann das zum frühzeitigen Absterben führen. Wenn sie gerade an die Grenze des Erträglichen heranreichen, bewirkt dies, daß die gesellschaftliche Entwicklung aufgehalten oder zum Stillstand gebracht wird, wie dies bei den Polynesiern oder den Eskimos der Fall gewesen sei.

Allerdings darf man sich diese Abläufe nicht als soziale oder kollektive Prozesse vorstellen. Die Entwicklung der Zivilisationen ist das Werk einzelner oder kleiner schöpferischer Minderheiten, die die Pfade finden, denen die übrigen per Nachahmung oder *Mimesis** folgen. Das schöpferische Individuum zieht sich von der Welt zurück, empfängt in der Abgeschiedenheit eine persönliche Erleuchtung und kehrt dann zurück, um alle anderen zu erleuchten (der hl. Paulus oder der hl. Benedikt, Buddha oder Mohammed, Dante oder Machiavelli usw.). Kommen die Gesellschaften zum Stillstand, verlieren ihre herrschenden Minderheiten die Gefolgschaft der übrigen. Versuchen sie dann, Überzeugungskraft durch Gewalt, durch Zwang zu ersetzen, trennen sich ihre ehemaligen Anhänger und Schüler von ihnen und bilden ein ihnen feindlich gesinntes und widerspenstiges Proletariat. Gegen den Weltstaat der herrschenden Minderheit, die sich jetzt versteinert hat, ruft die Minderheit eine Weltkirche ins Leben. Die Nachbarvölker, die ebenfalls unter dem Einfluß des Weltstaates standen, solange er noch zu schöpferischen Anstößen imstande war, nehmen, sobald diese verlorengehen, eine feindselige Haltung gegen diesen Staat ein und rüsten sich für eine Invasion. Auf diese Weise vollzieht sich der allmähliche Verfall und die Zerstörung des Reiches von innen und von außen. Der Lebenskreislauf einer Gesell-

Geschichtswissenschaftlern, die glauben, Geschichte verlaufe in Zyklen, Vergangenes kehre wieder und sei in verschiedene Zeiten und Gesellschaften übertragbar, dienen Entstehung, Blüte und Übergang des Römischen Reiches als Beweismodell (oben: Kolosseum, Rom). Nach dieser Auffassung passen die Massen sich individuellen Vorbildern ihrer Zeit an; links: schlafender Buddha in Ayutthaya, Thailand.

schaft findet ein Ende, und es entstehen Bedingungen für den Aufstieg anderen.

Man darf diese Morphologien, diese großen Konstrukte, die sich auf der Grundlage der Ähnlichkeit bloßer Äußerlichkeiten, rein oberflächlicher Parallelen erheben, nicht verwechseln mit Modellen, wie sie vor allem in der Wirtschaftsgeschichte überaus häufig benutzt werden und die zur Lösung sehr wichtiger Probleme beitragen. Ein Modell ist auch eine vereinfachte Vorstellung der Wirklichkeit, aber diese Vereinfachung ist auf der Grundlage von wissenschaftlichen Kriterien vorgenommen worden, und ihre Gültigkeit kann bewiesen und überprüft werden.

Ist Objektivität in der Geschichte möglich? Bevor wir zum Schluß dieses ersten Teils kommen, der der Prüfung von Zweifeln und Irrtümern in der gewöhnlich gehegten Auffassung von Geschichte gewidmet ist, soll noch ein Grundproblem angesprochen werden, nämlich die Frage, welche Gültigkeit die Arbeit des Historikers besitzt. Damit meine ich die Diskussionen über die Möglichkeit, eine objektive Kenntnis der menschlichen Vergangenheit zu erlangen.

Der Historiker kann nicht bestrebt sein, sämtliche Daten der Vergangenheit zu erklären, selbst wenn es ihm möglich wäre, sie alle kennenzulernen. Ein ganzes Arbeitsleben würde nicht ausreichen, um auch nur zu beschreiben – geschweige denn zu erklären –, was in einer Stadt im Verlauf eines einzigen Tages geschieht. Der Historiker sieht sich gezwungen, aus der Vielzahl der Daten, die er kennt oder die ihm zur Kenntnis gelangen könnten, diejenigen auszusuchen, die ihm zur Erstellung einer Interpretation der seines Erachtens grundlegenden Probleme oder Gesichtspunkte von Bedeutung zu sein scheinen. Doch dieser Auswahlprozeß ist gefährlich, denn er kann zur Verfälschung der Wirklichkeit führen. Ohne Zweifel könnte er durch die tendenziöse Auswahl von Daten eine ihm gefällige Interpretation konstruieren. Untersucht er zum Beispiel die Französische Revolution, braucht er nur systematisch ihre positiven oder negativen Züge auszuwählen, um sie uns entweder als entscheidenden Meilenstein des menschlichen Fortschritts oder als Katastrophe zu präsentieren. Selbst wenn er ohne böswillige Parteilichkeit vorgeht und sich vornimmt, so objektiv wie möglich zu sein, wird seine Fähigkeit zum Verstehen und Erklären der vergangenen Ereignisse durch seine Auffassung von der Gesellschaft, in der er lebt, seine politischen und ideologischen Einstellungen bedingt.

Als guter Beleg für diese offensichtliche Relativität historischer Interpretationen mag uns die Vielfalt der Meinungen über ein und dasselbe Ereignis dienen. Nehmen wir zum Beispiel die Analyse der Gründe, die zur Französischen Revolution führten. Die diesbezüglichen Interpretationen haben im Verlauf von wenig mehr als einem Jahrhundert außerordentliche Wandlungen erfahren. Für den französischen Geschichtsschreiber Jules Michelet (1798–1874), der seine *Histoire de la Révolution francaise* («Geschichte der Französischen Revolution») 1847 bis 1853 schrieb, war das fürchterliche Elend des französischen Volkes die bestimmende Ursache dafür, daß sich das Volk in Waffen erhob gegen eine ungerechte Form gesellschaftlicher Organisation, bei der seines Erachtens die Schuld für Unterdrückung und Hunger lag.

Für Jean Jaurès (1859–1914), dessen *Histoire Socialisme de la Republique Francaise* (Sozialistische Geschichte der Republik Frankreich) Anfang des 20. Jahrhunderts erschien, war nicht das Elend des Volkes die Hauptursache, sondern der Reichtum der Bourgeoisie, die an der Macht teilhaben und die Schranken beseitigen wollte, welche das wirtschaftliche Wachstum Frankreichs und damit auch ihren eigenen Aufstieg behinderten.

Linke Seite: Der Sturm auf die Bastille, das politische Gefängnis, und ihre Eroberung durch das Volk von Paris am 14. Juli 1789 gilt als Symbol für die Französische Revolution und die Ablösung des Ancien régime durch die bürgerliche Demokratie.
Unten: Ausrufung der Republik in Frankreich am 8. Oktober 1793 in Paris und Zerstörung der königlichen Embleme (Gemälde von P. A. Demachy).

Widersprüchliche Geschichtsinterpretationen als Teile einer komplexen Wirklichkeit Man sollte meinen, zwei dermaßen unterschiedliche Thesen wie die von Michelet und Jaurès müßten einander ausschließen und dadurch würde nur die Fraglichkeit von Forschungsmethoden hervorgehoben, die dazu führen, daß zwei große Historiker derart widersprüchliche Urteile über ein und dieselben Ereignisse abgeben können. Diese Vorstellung ist jedoch nicht richtig. Das scheinbare Dilemma besteht überhaupt nicht, wie einige spätere Forschungen haben beweisen können.

In seinen beiden großen Werken über die französische Wirtschaft und Gesellschaft des 18. Jahrhunderts, die 1932 und 1944 erschienen sind, gelangt Ernest Labrousse, ein Schüler von Jaurès, zu dem Schluß, daß sowohl sein Lehrmeister als auch Michelet recht hatten: daß ihre Thesen einander nicht ausschlossen, sondern einander ergänzten. Nach einer Untersuchung der Entwicklung von Preisen und Löhnen, Einkommen und Gewinnen wies Labrousse darauf hin, daß die ungünstigen Umstände, die in den Jahren unmittelbar vor der Revolution auf

Rechts: «Der letzte Aufruf an die Opfer des Terrors» von Ch. L. Muller (Museum Versailles, Paris).
Mit der Erklärung zur Nationalversammlung am 17. Juni in Paris und dem Ballhausschwur (unten) am 20. Juni, «sich niemals zu trennen, bis die Verfassung errichtet ist» (Bailly, Präsident der Nationalversammlung), und «nur der Macht *der Bajonette» zu weichen (Mirabeau), begann 1789 die Französische Revolution.*

der französischen Wirtschaft lasteten, viel mit deren Entfesselung zu tun hatten. «Eine ungünstige Konjunktur vereinigt Bourgeoisie und Proletariat in derselben Oppositon. Die Revolution erscheint daher als Revolution gegen das Elend.» Betrachtet man jedoch das 18. Jahrhundert in seiner Gesamtheit, so erweist es sich als Epoche des Wohlstands und des Wachstums. Labrousse stellt daher fest: «Das 18. Jahrhundert ist im Grunde nach wie vor ein Jahrhundert wirtschaftlicher Expansion, des Anstiegs kapitalistischer Einkünfte, der Vergrößerung des Reichtums und der Macht des Bürgertums. Als solches bereitet es die Revolution vor, eine Revolution des Wohlstands.» Ihr Aufstieg hat der Bourgeoisie Klassenbewußtsein verliehen, das ihr geholfen hat, die Führung der Volksbewegungen zu übernehmen, die ohne sie vermutlich bloße Aufstände ohne erneuernde Auswirkungen geblieben wären.

Folglich bestand auch kein Widerspruch zwischen beiden Interpretationen. Beide – Revolution des Elends wie Revolution des Wohlstands – entsprachen unterschiedlichen Seiten ein und desselben Prozesses. Eine bereicherte und komplexere Sicht hat uns erlaubt, beide in einer neuen, mehr als jede der beiden vorherigen zufriedenstellenden Interpretation zusammenzufassen. Die Thesen von Michelet und Jaurès standen nicht im Gegensatz zueinander, weil sie nicht vollständig waren. Eine jede entsprach einem Teil der Wirklichkeit: es handelte sich um Teilwahrheiten. Nicht einmal die These von Labrousse ist die ganze Wahrheit. Eine derart komplexe Erscheinung wie die Französische Revolution ist nicht so leicht erschöpfend zu erfassen. In dem Maße, wie unsere Erkenntnis Fortschritte macht, entdecken wir neue Facetten und tragen wir neue Elemente zum Ganzen bei. Heute wissen wir beispielsweise sehr viel mehr über das «Volk», das der wichtigste Akteur von Erhebungen ist. Wir wissen, wie die armen Arbeiter von Paris lebten und wie sie das Bewußtsein erlangten, in der französischen Gesellschaft müßten grundlegende Veränderungen herbeigeführt werden; wir wissen, wer die Menschen waren, die am Sturm auf die Bastille beteiligt waren

Oben: Seit 1750 ist die Weltbevölkerung von 750 Millionen auf 3 Milliarden angewachsen, noch vor dem Jahr 2000 werden es nahezu 6 Milliarden sein; in Indien allein leben 600 Millionen Menschen.
Links: Die Komplexität der Industriegesellschaft hat die Soziologie hervorgebracht, eine Disziplin, deren Gegenstand die Untersuchung der Gesellschaftsstruktur und der ihr eigenen Funktion ist. Ihre Beiträge sind ein Teil zukünftiger Geschichtsschreibung.

(d. h. welche Berufe sie hatten und welche kollektiven Probleme sie betrafen); wir wissen mehr über die entscheidende Beteiligung der Bauern an der Radikalisierung des revolutionären Prozesses...

Nicht nur die alten Interpretationen von Michelet und Jaurès, sondern auch die von Labrousse finden wir von Tag zu Tag unzureichender. Das bedeutet nicht, daß sie falsch seien, denn sie bleiben richtig und zulässig im Rahmen dessen, was sie zu erklären beanspruchen. Aber sie reichen nicht aus, um den ganzen Erkenntnisreichtum, über den wir heute verfügen, zu erfassen; sie sind zu grob für die Untersuchung der komplexen Probleme, die sich uns heute stellen. Zwischen diesen Sichtweisen und derjenigen, die wir heute mit weit größeren Kenntnissen erstellen könnten, besteht der gleiche Unterschied wie zwischen der Schwarzweißzeichnung von einer Landschaft und einer Farbfotografie derselben. Beide sind richtige Wiedergaben ein und derselben Wirklichkeit, aber sie unterscheiden sich erheblich im Reichtum der Einzelheiten und Abstufungen.

Die Meinungsunterschiede und Widersprüche zwischen den Historikern sind weit weniger radikal als der Ton ihrer Polemiken und Kritiken es vermuten läßt. Es kommt oft vor, daß zwei scheinbar unversöhnliche Einstellungen viele Momente haben, die einander ergänzen, und daß ihre brauchbaren Elemente in einer Synthese höherer Ordnung zusammengefaßt werden können, wenn sie einmal von einigen Irrtümern oder Übertreibungen gereinigt sind, die durch den maßlosen Drang, alles und jedes einbeziehen und erklären zu wollen, aufgetreten sein mögen; aber diese Synthese höherer Ordnung wird keine einfache Summe der früheren Ergebnisse sein – so wie die Labroussesche Interpretation keine bloße Zusammenfassung der Interpretationen von Michelet und Jaurès ist –, sondern ein neuer Guß in eine neue vertiefte und bereicherte Gesamtsicht all dessen, was es in den früheren Beiträgen an Brauchbarem gab.

Die ökonometrische Geschichte oder neue Wirtschaftsgeschichte Damit soll allerdings nicht gesagt werden, alles in der Geschichte gelte gleich viel oder alles sei Wahrheit oder Lüge, je nach dem, von welcher Warte man es sehe. Daß umfassende Interpretationen schwerlich verifizierbar sind, bedeutet nicht, daß die konkreteren Feststellungen, aus denen sie bestehen, nicht verifizierbar wären, und daß wir durch ihre Bestätigung oder Widerlegung kein Urteil über die allgemeineren und allgemeinsten Formulierungen abgeben könnten, die auf ihnen beruhen oder die wir aus ihnen ableiten wollen. Der logische Ausweg aus diesem Problem ist die Forderung nach einer möglichst klaren Ausführung der allgemeinen Interpretationen und der sie verbindenden Argumentationen, so daß wir konkrete Aussagen, aus denen sie sich zusammensetzen, unterscheiden und überprüfen können. Eine solche Lösung schlägt für die Wirtschaftsgeschichte die *new economic history* (die ökonometrische Geschichte oder die neue Wirtschaftsgeschichte*) in den USA vor, wenn sie fordert, man müsse das Interpretationsmodell, das man benutze, ebenso wie die ihm zugrundeliegenden theoretischen Voraussetzungen erläutern, um seine Gültigkeit zu prüfen und es quantitativen Verifizierungen zu unterwerfen. Ein solches Ideal ist außerhalb des Bereichs der Wirtschaftsgeschichte – wo Maß und Menge eine überaus wich-

---

«Der Historiker ist ein Mensch wie jeder andere, und er kann sich seiner menschlichen Eigenschaften nicht entledigen: er ist nicht imstande, ohne die Kategorien einer gegebenen Sprache zu denken; er besitzt eine im Rahmen einer konkreten geschichtlichen Realität gesellschaftlich bedingte Persönlichkeit, er gehört einer Nation an, einer Klasse, einer Umwelt, einer Berufsgruppe usw. mit allen Konsequenzen, die das auf dem Gebiet der Stereotypen nach sich zieht, die er (im allgemeinen unbewußt) annimmt, der Kultur, deren Geschöpf und Schöpfer er zugleich ist (...) Doch wenn er sich dieser objektiven Eigenschaft der gesellschaftlichen Bedingtheit der Erkenntnis auch nicht entledigen kann, so kann er sich ihrer doch bewußt werden und begreifen, daß sie untrennbar mit jeglicher Erkenntnis verbunden ist.» ADAM SCHAFF

tige Rolle spielen – nicht immer verwirklichbar, aber es scheint zumindest berechtigt zu verlangen, daß die Historiker das Reich nebulöser Verallgemeinerungen, der zweideutigen und impressionistischen Interpretationen und der fälschlicherweise erhobenen Ganzheitsansprüche verlassen, um mit der größtmöglichen Klarheit das Ganze der konkreten Aussagen, die Bestandteil ihrer Erklärung sind, zu formulieren, so daß es möglich wird, sie getrennt voneinander zu untersuchen und die Logik ihrer Verkettung zu überprüfen.

Unter keinen Umständen kann jedoch jemals akzeptiert werden, daß im Namen des unmöglichen Ziels, alles zu kennen und zu wissen – das sich keine Wissenschaft ernsthaft setzt –, der Versuch unternommen wird, das Studium der Geschichte unglaubwürdig zu machen und diejenigen, die es betreiben, zu entmutigen. Eine Disziplin, deren Ziel es ist, uns die Vergangenheit zu erklären, um die Gegenwart verständlich zu machen und uns den vernünftigen Aufbau der Zukunft zu erleichtern, ist von zu großer Bedeutung, als daß man wegen nichtssagender Einwände oder Fehlverständnisse, die keinen Bezug zur wirklichen Geschichtsforschung von heute, sondern zum hinfälligen Bild einer Geschichtsschreibung haben, die sich in die Höhlen des allerrückständigsten Akademizismus geflüchtet hat, darauf verzichten könnte.

Jedes Zeitalter ist bestimmt von dem Nebeneinander funktionierender menschlicher Gesellschaften unterschiedlichster Organisation. Die Geschichte muß alle wesentlichen Besonderheiten zu einem Gesamtbild vereinen.

Für eine neue Geschichte

Die Zahl der Menschen Logischerweise beginnt die Forschung über den Menschen mit den elementarsten Daten seiner Existenz: Nimmt die Bevölkerung zu oder verringert sie sich? Wie verteilt sie sich auf den vorhandenen Raum (wo und warum konzentriert sie sich, aus welchen Gründen verläßt sie zuweilen ihre Heimat und läßt sich in anderen Gebieten nieder)? Wie sieht ihre Altersstruktur aus (was in direkter Beziehung steht zum Verhältnis zwischen Geburten und Todesfällen, zur mittleren Lebenserwartung)? Welchen Anteil haben die verschiedenen Beschäftigungen bei der Bevölkerung?... Bei all diesen Fragen reicht bloßes Zählen und Verteilen nicht aus. Die Beschäftigung mit der historischen Demographie ist heute zu einer vielfältigen Disziplin geworden, die von Spezialisten gepflegt wird, welche die verfügbaren Daten minuziös untersuchen, Familien rekonstruieren, um ihre interne Geschichte (Geburten, Ehen, Fruchtbarkeit, Todesfälle) kennenzulernen, und Bevölkerungsmodelle benutzen, die ihnen eine erschöpfende Auslegung der Angaben von Volkszählungen und sonstigen Informationsquellen erlauben.

Der Historiker ist an solchen Ergebnissen sehr interessiert. Er stellt sie in den Zusammenhang einer breiteren Untersuchung und bringt auf diese Weise die komplexen Beziehungen zwischen der Zahl der Menschen und der Entwicklung der Gesellschaften ans Licht. Wenn wir uns auf die elementarsten Beziehungen beschränken, so kann man unter ihnen das Verhältnis zwischen der Kapazität der Lebensmittelproduktion und der Bevölkerungsgröße einerseits und jener Bevölkerungsgröße – nun als Produktionsfaktor gesehen – und der wirtschaftlichen Entwicklung andererseits hervorheben. Dabei handelt es sich um sehr komplizierte Verhältnisse, zu deren Erläuterung nicht die simple Feststellung ausreicht, daß mit mehr Lebensmitteln eine größere Bevölkerung erhalten werden kann und daß der hervorgebrachte Reichtum um so größer ist, je mehr Hände zur Verfügung stehen. So einfach liegen die Dinge nicht.

Bevölkerung und Lebensmittelerzeugung Beginnen wir damit, daß wir die Bevölkerungsdimensionen als Folge des Umfangs der verfügbaren Lebensmittel untersuchen. Demnach schiene es logisch, daß die Menschheit allmählich in dem Maße zugenommen hätte, wie ihre Fähigkeit zur Lebensmittelerzeugung gestiegen ist. Das ist jedoch nicht der Fall gewesen. In der langen Zeit seit der Erfindung der Landwirtschaft um das Jahr 10 000 v. Chr. bis in unsere Tage hat das

Für Antonio Gramsci ist Geschichte diejenige Disziplin, «die von den Menschen handelt, von so vielen Menschen wie möglich, von allen Menschen der Welt, sofern sie sich zur Gesellschaft zusammentun, arbeiten, kämpfen und ihr Leben verbessern».

Bevölkerungswachstum erst zum Schluß einen großen Sprung gemacht, der nach 1759 mit der Industriellen Revolution begann. In den zwölftausend Jahren zuvor war die Zahl der Bewohner unseres Planeten von etwa 10 Millionen auf rund 750 Millionen Menschen gestiegen, wobei es Phasen des Stillstands und des Rückgangs gegeben hatte. In den wenig mehr als zwei Jahrhunderten, die seit 1750 vergangen sind, hat sich die Zahl der Menschen vervierfacht und 1960 die Drei-Milliarden-Grenze erreicht. Und man nimmt an, daß sie sich noch vor dem Jahr 2000 der Sechs-Milliarden-Grenze nähern wird.

Es fällt nicht schwer, die Mechanismen des gegenwärtigen Bevölkerungswachstums darzustellen, da wir sie selbst beobachten können. Wie aber läßt sich der frühere Stillstand erklären? Wenn wir auf diese Frage antworten wollen, müssen wir die Art der Beziehungen zwischen Bevölkerung und Gesellschaft untersuchen. In den vorindustriellen Gesellschaften wurde die Zahl der Einwohner bestimmt durch die jeweilige Fähigkeit zur Lebensmittelerzeugung. Als eine kurze Phase der Euphorie eine Vergrößerung der Bevölkerung über das normale Maß hinaus verursachte, wurde eine Folge von Hungersnöten und Seuchen entfesselt, die eine außerordentlich hohe Sterblichkeit hervorbrachten und das Bevölkerungswachstum wieder auf ein geringeres Maß zurückführten. Man kannte sehr wohl die Beziehung zwischen Hunger und Seuchen – die häufig als Pest bezeichnet wurden, üblicherweise aber eine Kombination von Typhus, Ruhr, Pocken oder Blattern und unmittelbaren Auswirkungen des Hungers waren.

Ein Bericht von 1766 über den Weizenpreis in Frankreich und England stellte fest: «Die verschiedenen Nachforschungen haben ergeben, daß in denjenigen Jahren, in denen der Weizen am teuersten war, auch die Sterblichkeitsziffern höher lagen und Krankheiten eine stärkere Verbreitung fanden.» Ein Vergleich der Sterblichkeitsziffern und der Weizenpreise in einer gegebenen Gemeinschaft läßt gewöhnlich überraschende Erkenntnisse zu. In Zeiten hoher Weizenpreise – in Zeiten, in denen das Brot teuer und knapp ist, in Hungerszeiten also – gibt es auch hohe Sterblichkeitsquoten, und umgekehrt verringert sich die Zahl der Sterbefälle in Jahren, in denen der Weizen billig ist.

Eine ganz einfache Graphik kann uns erklären helfen, in welcher Weise die beiden Hauptmechanismen der Bevölkerungsentwicklung in der vorindustriellen Zeit wirkten. Die Wirkungsweise folgt der Pfeilrichtung, wobei die Kennzeichnung eines jeden Pfeils folgende Bedeutung hat: Das Zeichen ⊕ bedeutet, daß es zwischen demjenigen Faktor, von dem der Pfeil ausgeht und demjenigen, zu dem der Pfeil führt, eine direkte Beziehung gibt – nimmt der erste Faktor zu, steigt auch der zweite, verringert sich der erste, tut der zweite dies ebenfalls; und das Zeichen ⊖ bedeutet, daß eine umgekehrte Beziehung besteht – nimmt der erste Faktor zu, verringert sich der zweite, verringert sich der erste, steigt der zweite. Von beiden Kreisläufen ist derjenige der wichtigere, der durch die Erhöhung oder Verringerung der Sterblichkeit zur Wirkung gelangt. Seine Wirkungsweise läßt sich in aller Kürze wie folgt erklären: Nimmt die Bevölkerung

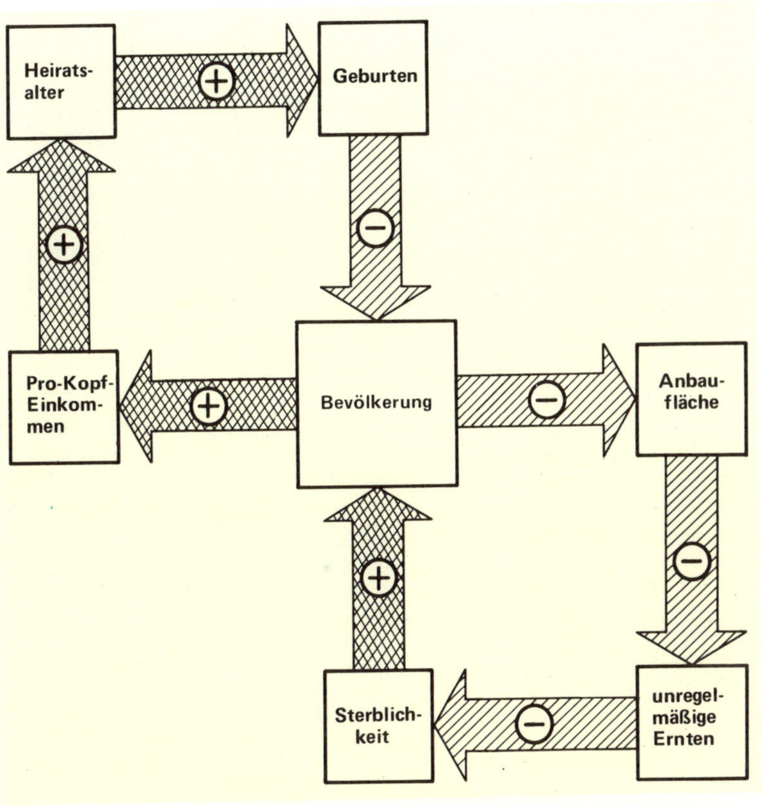

Mechanismen der Bevölkerungsentwicklung in der vorindustriellen Zeit, im Text erklärt siehe Seite 66 (4. Absatz), 67, 68.

zu, muß neues Land gerodet werden, um die Dazugekommenen zu ernähren. Mit dieser Erweiterung der Anbaufläche ist verbunden, daß weniger fruchtbare Böden genutzt werden müssen, da angenommen werden kann, daß die besten Böden zuerst urbar gemacht worden sind. Die Aussat auf diesen zusätzlichen Anbauflächen hat zur Folge, daß das Risiko der Erntevernichtung durch irgendwelche Umstände, insbesondere durch ungünstige Wetterbedingungen sich erhöht. Dadurch vergrößert sich auch die Gefahr, daß durch den Verlust eines Teils der Ernte Hunger und Seuchen ausgelöst werden, was seinerseits zu einer Erhöhung der Sterblichkeit und zu einer Verringerung der Bevölkerung bis auf einen Stand führt, der es erlaubt, auf die gefährlichen Neulandflächen, auf «das Land, das die Kornspeicher leert», zu verzichten, wie es der mittelalterliche katalanische Dichter Ausias March (1397–1459) nannte.

Es gibt einen zweiten, weniger spektakulären und auffallenden Kreislauf, der zur Erzeugung der gleichen Regelwirkung beiträgt, indem er auf die Geburtenrate einwirkt. Wenn die Bevölkerung ohne eine entsprechende Vergrößerung der verfügbaren Mittel zunimmt, nehmen die durchschnittlichen Einkünfte jedes Einwohners ab: mehr Menschen müssen sich in den nach wie vor gleichen Ertrag teilen. Diese Verringerung der Mittel entmutigt Paare bei ihrem Entschluß zu heiraten und veranlaßt sie, das Datum ihrer Eheschließung hinauszuschieben. Je länger sie die Heirat aufschieben, desto weniger Kinder haben sie aus Altersgründen, was zu einer Verringerung der Geburten führt und wiederum zu einer Beschränkung der Bevölkerungsentwicklung.

Hungersnöte und Seuchen Neben den einander in fast regelmäßigen Abständen folgenden Epidemien, die durch den Hunger verursacht wurden und die gewöhnlich örtlich begrenzt und von kurzer Dauer waren ebenso wie die Knappheiten, die zu ihrer Entstehung beitrugen, kam es zu großen Pandemien: zu Pestausbrüchen oder Seuchen, die rasch ganze Erdteile verheeren und von denen

Neben den geographisch begrenzten Hungerepidemien kam es - auch in Folge des Hungers – zu großen Pandemien, Seuchen wie Justianische Pest oder Schwarze Pest, die ganze Erdteile heimsuchten.

Ausbreitung der Beulenpest in Europa Mitte des 17. Jahrhunderts, ausgehend von Valencia

nicht klar zu sein scheint, daß sie durch den Hunger verursacht worden sind. Wir kennen mindestens zwei große Pandemien. Die erste wird gemeinhin als *Justianische Pest* bezeichnet, die zwischen 540 und 760 in 15 aufeinanderfolgenden Wellen die Mittelmeerländer entvölkerte. Es ist angenommen worden, daß diese Pandemie durch die Schwächung der Anrainervölker des Mittelmeeres zugleich auch eine Erklärung für die rasche Ausbreitung des Islam im Norden Afrikas und für den Aufstieg des Karolingerreiches in Europa bietet. Die zweite ist unter dem Namen *Schwarze Pest* bekannt. Sie kam aus Asien und erreichte 1347, eingeschleppt von genuesischen Schiffen, Sizilien. In weniger als drei Jahren breitete sie sich mit rasender Geschwindigkeit auf dem gesamten europäischen Kontinent aus und führte zu schrecklichen Sterbeziffern. Die damals bekannten medizinischen Mittel waren machtlos gegen sie, was zu so sonderbaren wie unnützen Vorbeugemaßnahmen führte wie der massenhaften Ermordung von Juden (die man beschuldigte, die ansteckende Krankheit böswillig weiterzuverbreiten, und die als Gläubiger verhaßt waren) und den düsteren Selbstbeschuldigungen der Geißlerscharen, die durch Stadt und Land zogen. In den Städten verursachte die Pest innerhalb weniger Tage schreckliche Sterbeziffern: eine von zwei Personen starb, ganze Familien verschwanden, Häuser standen leer, Äcker blieben unbearbeitet... Der Tod raffte Arme und Reiche gleichermaßen dahin: König Alfons XI. (1311–1350) von Kastilien; die Gebrüder Lorenzetti, großartige Maler aus Siena (um 1348); Giovanni Villani (1280–1348), bedeutender Chronist der Stadt Florenz, der den Satz zu Papier brachte: «Die Epidemie endete im Jahre...» und nicht mehr dazu kam, das Datum einzutragen. Weggerafft durch die Pest wurde auch der Dichter Petrarca (1304–1374), fast zur gleichen Zeit wie sein Beschützer, Kardinal Colonna, und seine geliebte Laura: *«rotta è l'alta colonna è'l verde lauro»* («zerbrochen die hohe Stütze, der grüne Lorbeer»), so besang er den Verlust seines «doppelten Schatzes». Die aufeinanderfolgenden Wellen der Schwarzen Pest hatten beträchtliche gesellschaftliche Folgen. Die Verringerung der Stadtbevölkerung ruinierte Bauern und Lebensmittelverkäufer und führte zur Entvölkerung des Landes, wo Ackerflächen in Weideflächen umgewandelt wurden. Nachdem das Wachstum einer Marktwirtschaft, die sich in der optimistischen Aufstiegsphase der vorherigen Jahrhunderte entwickelt hatte, blockiert war, neigten die städtischen Oligarchien zum Konservatismus und zur Unbeweglichkeit, die sozialen Konflikte verschärften sich, und der Feudaladel verband sich als Herr über Grund und Boden mit den neuen absoluten Monarchien, denen er die militärische Macht überließ, um politische und wirtschaftliche Macht auszuüben. Auf diese Weise wandelte sich der alte Feudalismus, aber nur, um neue Formen der Herrschaft hervorzubringen.

Ebenso mysteriös wie das Aufkommen und die Ausbreitung der Pest war auch ihr Verschwinden, das gemeinhin mit der Ausrottung der alten schwarzen Ratte als der Überträgerin der Seuche erklärt wurde. Demnach sei die schwarze Ratte im 18. Jahrhundert durch die aus dem Orient gekommene Graumaus ersetzt worden. Doch wird diese Ansicht stark angezweifelt. Leichter zu erklären ist es

Die Pest von Tournai im Jahre 1394 (Miniatur von Gilles Le Muisit, Königliche Bibliothek, Brüssel). Im allgemeinen waren die sogenannten Pestseuchen eine Kombination verschiedener Krankheiten, die in Zeiten schlechter Ernten und Bevölkerungsüberschusses verursacht wurden.

mit der Durchbrechung des Mechanismus von Hunger und Epidemie. Im 16., 17. und 18. Jahrhundert wurde in den Niederlanden eine Reihe von Verbesserungen der Anbausysteme entwickelt und nach England übertragen, die eine wahrhafte Revolution in der Landwirtschaft verursachten und zu einer Vergrößerung der Lebensmittelreserven führte. Eine bessere und regelmäßigere Ernährung hielt das traurige Schauspiel des Hungers vom Europa des 19. Jahrhunderts fern, beseitigte die großen Epidemien und ermöglichte ein rasches Bevölkerungswachstum, das später zusätzlich noch durch die Erfolge des medizinischen

Fortschritts verstärkt wurde, der eine Senkung der Sterblichkeitsquoten, insbesondere der Kindersterblichkeit, erlaubte.

Zwar hat sich unsere Prüfung nur auf einige wenige Beispiele beschränkt, dennoch ist unschwer zu erkennen, daß die Kenntnis der Bevölkerungsentwicklung unerläßlich ist, wenn man die Möglichkeiten und Grenzen einer Gesellschaft verstehen will: Es ist wichtiger zu begreifen, wie und warum die europäischen Bauern sich von der doppelten Bedrohung durch Hunger und Seuchen befreien konnten, als das Liebesleben Napoleons zu erforschen. Es fällt ebensowenig schwer, festzustellen, daß die Kenntnis einer Bevölkerung sehr viel mehr darstellt als ein bloßes Spiel mit Zahlen: darin eingeschlossen ist die Überprüfung, das Ableiten von Beziehungen und die Klärung all der subtilen Verbindungen, die sich herstellen lassen zwischen demographischen Angaben – Geburten, Hochzeiten und Todesfällen, den Lebensverhältnissen des Menschen und seiner

Arbeit, dem Wohnraum, den er sich wählt usw. – und Beziehungen zu anderen Bereichen der Gesellschaft. Für die neue Geschichte läßt sich ein Mensch nicht auf eine bloße Zahlenangabe reduzieren.

Reproduktion und Arbeit Bei der Betrachtung der menschlichen Bevölkerung haben wir gesehen, daß sie in hohem Maße von den verfügbaren Lebensmitteln abhängig ist: von der Fähigkeit der menschlichen Gesellschaften, die Reproduktion ihrer Mitglieder zu sichern. Auf diese Weise gelangen wir zu einer weiteren grundlegenden Gegebenheit: der Produktion und der Arbeit. Das hat nichts zu tun mit dem Ökonomismus, den wir zuvor abgelehnt haben, und mit der in diesem vertretenen Ansicht, daß die persönlichen und unmittelbaren ökonomischen Interessen eines Menschen die wesentliche Triebkraft seines Handelns seien. Unser Problem stellt sich anders. Hier lautet die Frage: Wie setzt die Produktionskapazität der Gesellschaften menschlichem Handeln Grenzen, wie bestimmt sie die Art und Weise der Organisation der Menschen und wie beeinflußt sie seine Weltanschauungen?

Hinsichtlich der Produktionskapazität läßt sich die Menschheitsgeschichte in drei große Etappen einteilen. Die erste und dauerhafteste entspricht der Phase, in der der Mensch von der Jagd, dem Fischfang und dem Sammeln von Waldesfrüchten lebte, unter Bedingungen, die ihn zwangen, umherzuziehen, weiterzu-

ziehen, wenn er die knappen Mittel irgendeines Gebietes erschöpft hatte, und den größten Teil seiner Tätigkeit damit zuzubringen, die zu seinem Überleben unerläßlichen Energien zu erlangen.

Die Erfindung der Landwirtschaft Diese Etappe der menschlichen Geschichte fand ihr Ende durch eine grundlegende Veränderung: die Erfindung der Landwirtschaft. Der Mensch begann, einige wildwachsende Pflanzen, Vorgänger der Getreidearten, die wir heute kennen, auszusuchen, zu bessern und zu pflegen, und es gelang ihm, einige Tiere zu Haustieren zu machen. Auf diese Weise konnte die Zahl der Siedler vergrößert werden, und es wurden die Grundlagen geschaffen für revolutionäre Umgestaltungen, die sich im Zeitraum zwischen 6000 und 3000 v. Chr. zutrugen. Damals lernte der Mensch, wie V. Gordon Childe (1892–1957) es formulierte, «die Kraft der Ochsen und des Windes unter seine Kontrolle zu bringen, er erfand den Pflug, das Rad, Segelboote und -schiffe, er entdeckte chemische Verfahren zum Schmelzen von Kupfererz und die physikalischen Eigenschaften von Metallen, und er begann mit der Ausarbeitung eines genauen Sonnenkalenders».

Prozession der Brüsseler Gilden und Zünfte im 17. Jh., gemalt von Denis van Alsloot (Prado, Madrid). Die wirtschaftliche Aktivität Europas seit dem 11. Jh. führte zum Aufstieg verkehrsgünstig gelegener Städte und zu Neugründungen.

Getreide ist seit Erfindung des Ackerbaus – etwa 8000 v. Chr. wurden zuerst im Vorderen Orient Weizen und Gerste angebaut – Hauptnahrungsmittel des Menschen. Oben: Ägyptische Arbeiter trennen die Spreu vom Weizen, rechts: Kornverarbeitung zu Mehl in Südafrika.

Stadtgründungen Diese Umwälzungen waren jedoch nur das Vorspiel für weitere ebenso bedeutsame: die Entstehung von Städten, die Gründung stabiler menschlicher Niederlassungen, wo es zur ersten gesellschaftlichen Arbeitsteilung* kam (die Bauern produzierten nun genügend Lebensmittel, um Handwer-

ker, Schreiber, Priester usw. zu unterhalten, die sich nicht am Anbau beteiligten), die die Erfindung der Schrift, von Rechenmethoden und Maßen erforderlich machte. Von der Landwirtschaft hängt die Stadt ab, von der Entstehung der Stadt das Aufkommen der Zivilisation: der Beginn einer kulturellen Entwicklung, die das Leben des Menschen verändern sollte.

Damit wurde ein Zeitalter eingeleitet, das wir als das Zeitalter der Landwirtschaft bezeichnen könnten und das bis zur Mitte des 18. Jahrhunderts dauerte. Im Verlauf seiner Jahrtausende hing die Existenz der Menschen in der Hauptsache von der Landwirtschaft ab, die ihrerseits von den Wechselfällen des Klimas beherrscht wurde. Die meisten Menschen waren Bauern, die das Land bearbeite-

ten, von dem sie alles Notwendige zum Verbrauch der Familie und ein Mehrprodukt erhielten, das zum Unterhalt der unproduktiven Gesellschaftsteile – Verwaltung, Heer, Klerus... – diente und zum Erwerb einiger weniger industrieller Güter zum Tausch bei den Handwerkern eingesetzt wurde; Güter, die sie zu ihrer Bekleidung und für ihren Hausrat benötigten. Zudem hat das Mehrprodukt dieser Bauern, auf gesamtgesellschaftlicher Ebene zusammengetragen, die großen Errungenschaften der vorindustriellen Zivilisationen ermöglicht, von den ägyptischen Pyramiden bis zu den mittelalterlichen Kathedralen, von den großen orientalischen Bewässerungssystemen bis zu den prächtigen Bauwerken des vorkolumbianischen Amerika: Steine, die uns das Zeugnis von Weizen-, Reis- und Mais-Zivilisationen bewahren, die sich unterschieden in ihren Sitten und Gebräuchen, in ihren Sprachen und in ihrem Glauben, aber die sich im Grunde glichen wegen ihrer Verwurzelung in der Bewirtschaftung des Landes, Zivilisationen, die alle auf der Arbeit der Bauern aufbauten.

Der Kontrast zum Tempo, in dem sich heutzutage Veränderungen vollziehen, läßt uns gewöhnlich vermuten, diese Agrargesellschaften seien statisch gewesen, doch dieser Schein trügt. Im Schoße des mittelalterlichen Europa vollzogen sich Fortschritte, ohne die die spektakulären Errungenschaften des Industriezeitalters unmöglich gewesen wären. Das gilt vor allem für die Fortschritte im Akkerbau, die eine erhebliche Vergrößerung der Ernteerträge ermöglichten: die Einführung besserer Pflüge, der Übergang von der Zweifelderwirtschaft (die dazu zwang, die Anbauflächen, jedes zweite Jahr brachliegen zu lassen) zur Dreifelder-Wirtschaft (die dank des Fruchtwechsels nur jedes dritte Jahr eine Brache erforderte). Zudem gab es Verbesserungen der industriellen Techniken (im Mühlenbetrieb), des Transports (Pferdegeschirr) und der Schiffahrt (die zu Be-

Linke Seite: Die Bewirtschaftung des Meeres erforderte einiges an technischem und baulichen Wissen. Hinzu kam die Mystifizierung von Flüssen, Seen und Meer als unbekannte Gewalten. So erreichte der Fischfang erst spät eine ähnliche Bedeutung wie Land- und Viehwirtschaft.
Rechts: Italienische Miniatur einer mittelalterlichen Stadt mit einem Markt (Laurentianische Bibliothek, Florenz).
Für den Fernhandel der Gilden waren Städte mit Großmärkten (Messen, die in Verbindung mit religiösen Feiern durchgeführt wurden) von vorrangiger Bedeutung. Seit dem 12. Jh. bildeten sich in den Städten die Zünfte, obligatorische Vereinigungen zur Kontrolle, Planung und Lenkung der Produktion und zur Ausbildung, Beschäftigung und Sozialfürsorge der Handwerker.
Städte waren die Haupteinnahmequelle ihrer Grundherren, sie wurden deshalb in ihrem Wachstum durch Privilegien gefördert.

ginn des modernen Zeitalters die Expansion europäischen Handels in die ganze Welt ermöglichte). All diese Fortschritte trugen zur Vorbereitung eines neuen und kräftigen Sprungs nach vorne bei, der den Anfang einer neue Ära in der Geschichte der Menschheit bedeuten sollte: der Industriellen Revolution.

Die Folgen von Technisierung und Industrialisierung Eine allzu einfache Sicht der Dinge reduziert diese Revolution gewöhnlich auf technische Fortschritte – die Mechanisierung von Spinnrad und Webstuhl, die Nutzung der Dampfenergie, Eisenbahnen ... – und auf ihre unmittelbaren Folgen. Doch hat dieser Prozeß eine weit größere Bedeutung gehabt, die Merkmale des Übergangs zum Zeitalter der Industrialisierung sind viel komplexer und weitreichender. Vereinfacht wollen wir vier Grundtatbestände hervorheben.

a) In erster Linie das regelmäßige und anhaltende Wachstum von Bevölkerung und Produktion, das einen entscheidenden Bruch mit dem relativen Stillstand der vorhergehenden Etappen darstellt. Auf die Bevölkerung sind wir zuvor schon eingegangen. Hinsichtlich der Produktion haben die fortgeschrittenen Länder in hundert Jahren Industrialisierung mehr Verbrauchsgegenstände produziert als die gesamte Menschheit in den bis dahin verlaufenen Jahrtausenden der Zivilisation.

b) Zweitens eine erhebliche Zunahme der gesellschaftlichen Arbeitsteilung, die die Verteilung der menschlichen Tätigkeiten von Grund auf umwälzte. Die vorindustrielle Welt benötigte zum Ackerbau zwischen 80 und 90 Prozent ihrer aktiven Bevölkerung. Die übrigen 10 bis 20 Prozent – Händler und Handwerker, Künstler und Grundherren, Krieger und Kleriker – bildeten eine dünne Oberschicht, die von der Arbeit der Bauern lebte und auf das engste von ihr abhängig war. Mit der Industriellen Revolution erfuhr diese Verteilung eine radikale Veränderung. Von nun an sollte ein geringer Prozentsatz der vorhandenen Arbeitskräfte genügen – in den fortgeschrittenen Ländern reichen 5 bis 10 Prozent der aktiven Bevölkerung –, um den vorhandenen Boden zu bearbeiten und in ausreichendem Maße Lebensmittel für alle zu erzeugen. Auf diese Weise ist es möglich geworden, große Menschenmassen vom Pflug, von der Sichel, vom Schäferdasein freizusetzen, die sich nun der Produktion von Industriegütern widmen konnten, welche an die Stelle der Bodenfrüchte traten, oder den übrigen ein breites und vielfältiges Angebot an Dienstleistungen zu bieten. Um dies zu erreichen, mußte von nun an jeder Landwirt mit seiner Arbeit sehr viel mehr erzeugen – wobei ihm die Industrie geholfen hat, die für ihn Maschinen und Kunstdünger entwickelte –, aber er mußte auch die Ausrichtung seiner Tätigkeit ganz und gar ändern. Jahrtausendelang hatte er in der Hauptsache gearbeitet, um für seinen eigenen Unterhalt aufzukommen; seit der Industriellen Revolution wurde er zu einem Produzent landwirtschaftlicher Waren, die er auf dem Markt verkauft, um sich so das Geld zu verschaffen, mit dem er seinerseits kaufen kann, was er zu seinem eigenen Verbrauch einschließlich eines Teils seiner Lebensmittel benötigt.

c) Drittens. Nicht weniger bedeutsam ist die innere Umwälzung der Produktionsstruktur. Das Wachstum der industriellen Produktion fußt nicht nur auf der Einführung neuer Maschinen und Techniken in die alten Industrieorganisation. Der Übergang von der Werkstatt des Handwerkers zur Fabrik ist keine bloße Betriebsgrößenerweiterung. Der alte Eigentümer, der noch mit seinen eigenen Händen arbeitete, ist ersetzt worden durch den kapitalistischen Unternehmer, der Gebäude, Maschinen und Rohstoffe erwirbt und Menschen mietet, damit sie für ihn arbeiten. Wo früher der Erzeuger war, der sein Produkt mit seinen eige-

Die Geschichte der Landwirtschaft erforderte immer größere Erträge: Urbarmachung immer mehr Bodens und die Rationalisierung der Bearbeitungsmethoden.

Rechte Seite: In hundert Jahren Industrialisierung haben die fortgeschrittenen Länder mehr Güter für den Verbrauch produziert als die gesamte Menschheit in den Jahrtausenden zuvor.

Unten: Die Industrielle Revolution begünstigte ein außerordentliches Anwachsen der Stadtbevölkerung. Der ländliche Arbeitskräfteüberschuß strömte auf der Suche nach Arbeit in den Industriezentren zusammen.

nen Werkzeugen herstellte, steht heute der Industriearbeiter, der seine Arbeit, oft lediglich in Form von Muskelkraft, beiträgt und der in den meisten Fällen für seine Handgriffe nicht einmal eine lange Lehre benötigt. Die Fabrik hat nicht nur eine Vergrößerung der Produktionseinheiten und die Möglichkeit verstärkter Spezialisierung mit sich gebracht, sondern einen grundlegenden Wandel in den Verhältnissen zwischen Mensch und Arbeit.

d) Schließlich hat sich die Produktionstätigkeit des Menschen auf immer größeren Märkten entfaltet. Die selbstgenügsame Welt des Bauern bewegte sich nicht über die engen Grenzen seines jeweiligen Landstrichs hinaus, wo der Bauer alles bekommen konnte, was er verbrauchte. Ausnahmen bildeten nur einige wenige Erzeugnisse, die von weit her importiert wurden, wie Salz und Pfeffer. Die Industrialisierung, die einen immer umfangreicheren Austausch von landwirtschaftlichen Industrieprodukten, eine höhere Spezialisierung und ein ungeheures Geschäftsvolumen erforderte, zwang zur Erweiterung der Austauschsphäre: zunächst zu regionalen Märkten, die dann nach und nach ausgeweitet wurden, nationale Ausmaße erreichten, später darüber hinausgingen und sich über die ganze Welt ausbreiteten, bis sie schließlich dahin gelangten, wo die Arbeitserzeugnisse und Verbrauchs(Konsum)güter weltweit zirkulieren.

All diese ökonomischen Umwälzungen brachten – sei es als Voraussetzung, sei es als Folge – eine ganze Reihe von Veränderungen auf anderen Gebieten mit sich: auf politischem und sozialem Gebiet, bis hin zu Veränderungen der Menta-

lität ... Doch bevor wir darauf zu sprechen kommen, wollen wir die Analyse erweitern und vertiefen, da sie so, wie wir sie bisher dargestellt haben, doch allzu unvollständig bliebe. Zu diesem Zweck müssen wir dem Thema neue Dimensionen und dem Bild neue Schattierungen hinzufügen. Bisher haben wir von den menschlichen Gesellschaften als bloßen Ansammlungen von Menschen gesprochen, ohne uns darum zu kümmern, wie sie organisiert sind und wie die Menschen untereinander geteilt sind. Um zu einem besseren Verständnis der großen Entwicklungsetappen der Menschheit zu gelangen, wollen wir uns mit diesem Problem beschäftigen.

Die Stellung des Menschen in der Gesellschaft Die menschlichen Gesellschaften sind keine bloßen Gruppierungen von Individuen, die ihnen in voller Gleichheit angehören oder die sich lediglich nach der Aufgabe unterscheiden, die sie im Rahmen der gesellschaftlichen Arbeitsteilung erfüllen. Das eigentliche Wesen der menschlichen Gesellschaften ist im Lauf der Geschichte die Ungleichheit, die soziale Schichtung* in Klassen und Kasten, die Trennung in Herrschende und Beherrschte, in Ausbeuter und Ausgebeutete gewesen. Würden wir das nicht berücksichtigen, wir würden nichts vom geschichtlichen Geschehen verstehen.

Teilung nach Kasten und Ständen Die Klassifizierungsformen in den verschiedenen menschlichen Gesellschaften sind sehr unterschiedlich und gegensätzlich gewesen. Vereinfacht kann man sagen, daß die ungeheure Mehrheit aller Menschen nach einem der folgenden zwei Schichtungskriterien eingeteilt werden könnte:

Linke Seite: Elektrizität, Kohle, Öl und Wasser sind die zeitgenössischen Energiequellen. Zugleich mit der Suche nach neuen Energiereserven, z. B. den Experimenten mit der Atomenergie, entstanden angesichts einer von Technik zerstörten Umwelt verantwortungsbewußte Forderungen nach natürlich vorhandener, sauberer Energie, z. B. der Sonnenenergie, deren wirtschaftliche Speicherung aber noch nicht annähernd gelöst ist. Unten: Zur Erzielung höchstmöglicher Ernteerträge werden bisher chemische Schädlingsbekämpfungsmittel eingesetzt.

a) Teilung in bestimmte Gruppen nach einer rechtlichen oder privilegierten Stellung (Kasten, Stände*);

b) Gruppierung in Schichten, die sich voneinander nach ökonomischen Maßstäben unterscheiden, nach ihrem Besitz von Gütern und ihrer bestimmten Rolle im Produktionsprozeß (soziale Klassen*).

Doch verbirgt sich hinter dieser begrifflichen Vereinfachung in Wirklichkeit eine beträchtliche Komplexität. Nehmen wir den ersten Fall, die Schichtung nach der rechtlichen Stellung, etwa nach der Klassifizierung der Menschen als Freie oder Sklaven, die Kasten in Indien, die Rassendiskriminierungen oder die Stände der europäischen Feudalgesellschaft. In jedem dieser Unterscheidungssysteme hat eine Gruppe bestimmte Privilegien – oder Beschränkungen –, die durch das Gesetz festgelegt oder erblich übertragbar sind. In der Wirklichkeit des Lebens – das selten so einfach ist, wie es Gesetzestexte vorsehen – stellen wir jedoch fest, daß in vielen dieser Klassifikationen noch weitere und andersartige Merkmale stecken. Nehmen wir beispielsweise die theoretische Teilung der Menschen in Freie und Sklaven in der römischen Gesellschaft. Selbst wenn wir davon absehen, daß die sogenannten freien Menschen untereinander eine weitere Schichtung aufwiesen, müssen wir feststellen, daß es zwischen den beiden theoretischen Polen des freien Menschen und des Sklaven ein ganzes Spektrum von Stellungen gab, die insgesamt die sogenannten «abhängigen (oder unfreiwilligen) Arbeitskräfte» bildeten; dazu gehörten alle, die wegen irgendeiner Zwangsbedingung für andere arbeiteten: von Geburt (wie die spartanischen Heloten*), als Gefangene, wegen Schulden, auf Grund von Abhängigkeitsverhältnissen, die später die Hörigkeit oder Pachtabhängigkeit hervorgebracht haben ...

Das gleiche können wir z. B. bei einigen rassischen Schichtungen in Lateinamerika feststellen, bei jenen «Kasten», die zwar theoretisch keine rechtlich getrennte Gruppe unter den Bürgern eines Landes darstellen, die es in Wirklichkeit aber sind: Die historischen und anthropologischen Forschungen haben ergeben, daß die vermuteten rassischen Reinheiten ein Mythos waren. Es konnte nachgewiesen werden, daß in einer abgelegenen und isolierten Gemeinschaft in den Anden 72 Prozent der Einwohner keine Eingeborenen waren, sondern von spanischen bis zu chinesischen Vorfahren abstammten. Schon im 18. Jahrhundert begann man im Amerika der Anden all diejenigen als Indios anzusehen, die als Bauern Angehörige einer Produktionsgemeinschaft waren, statt das Land individuell auf Haziendas zu bearbeiten. Man kann letztlich zu dem Schluß kommen, daß Indio sein weniger eine rassische Angabe als die Definition einer Lebensweise ist. Magnus Morner hat es als notwendig bezeichnet, «die sogenannten Indios eher nach sozialen als nach rassischen Kriterien zu definieren». Wenn man die Probleme sieht, dann stellt sich die Frage, ob in dem einen wie in dem anderen Fall die rechtliche Schichtung nicht eher eine Verkleidung zu sein scheint, in der sich eine ursprünglich ökonomische Unterscheidung versteckt und fortsetzt.

Die Ständegesellschaft ist die des europäischen Feudalismus, in der die Menschen nach drei großen Gruppen unterteilt waren, die sich in der Theorie durch

Oben: Philipp VI. von Frankreich (1293–1350), links die Könige von Navarra und Böhmen, darunter die weltlichen Pairs (Hochadel), rechts die geistlichen Pairs, in der Mitte die Rechtsgelehrten und streitenden Parteien: ein Bild der Gerichtsbarkeit der Ständegesellschaften.

Oben: Eine Miniatur des 11. Jh.s aus dem Evangelienbuch des hl. Bernulf bezeugt einen der häufigen Kämpfe zwischen den Leibeigenen der verschiedenen Feudalherren (Aartsbisschoppelijk Museum, Utrecht). Rechte Seite oben: Spätmittelalterlicher Handelszug (15. Jh.) mit Maultieren als Transportmittel; darunter: Darstellung von Bauern, die unter der Aufsicht eines Großknechts mähen (15. Jh.).

die Erfüllung unterschiedlicher sozialer Funktionen auswiesen. Oben befanden sich die Krieger, der Adel, der zu Pferde kämpfte und der die Aufgabe hatte, die Gesellschaft gegen alle ihre äußeren Feinde zu verteidigen; neben ihnen gab es den Klerus, der für alle betete und vor Gott für sie eintrat, und an dritter und

letzter Stelle kamen die *laboratores*, die arbeiteten, um sich und die Oberen zu unterhalten: die Plebejer, die Hörigen oder Gemeinen, der Dritte Stand, das Volk, das von den übrigen als «von gemeinem und niederem Stand» bezeichnet wurde. In Wirklichkeit handelte es sich dabei eher um eine zweigeteilte Struktur, wobei alle Privilegierten sich auf der einen Seite befanden (der hohe Klerus gehörte fast gänzlich dem Adel an) und alle übrigen Menschen auf der anderen Seite standen, die in den Agrargesellschaften die Masse der Bauern waren und daneben einige kleine, wirtschaftlich begünstigtere Gruppen – bürgerliche Handelsleute, die in den Städten lebten –, die bei der Auflösung dieser Gesellschaftsordnung eine entscheidende Rolle spielen sollten. Wenn wir auch hier versuchen, die Natur der Beziehungen zwischen den verschiedenen Gruppen dieser

Ein Titelblatt der 1863 von M. Milland gegründeten Tageszeitung «Le Petit Journal». Milland war der Begründer einer jedem zugänglichen Billigpresse. Während der Besetzung Frankreichs durch die Deutschen wich die Zeitung zuerst auf einen neuen Erscheinungsort aus, wurde 1944 aber eingestellt.

Gesellschaft zu untersuchen, und dabei nicht von den theoretischen Formen ausgehen, wie sie sich in den Rechtstexten darstellen, sondern wenn wir von der Wirklichkeit ihrer Auseinandersetzungen ausgehen, dann finden wir auch hier keine andere Form, sie verständlich zu machen, als ihre ökonomischen Grundlagen zu prüfen und von da aus zu rekonstruieren, wie sich ein Gruppenbewußtsein herausgebildet hat. Betrachten wir beispielsweise die Bauernaufstände des frühen Mittelalters. Gewöhnlich handelte es sich dabei um Klassenauseinandersetzungen zwischen ausgebeuteten Bauern und dem ausbeuterischen Feudaladel, auch wenn die Bewußtwerdung der Aufständischen häufig religiöse Ausdrucksformen angenommen hat, die aus dem kulturellen Gepäck stammte, welches diesen Bauern zur Verfügung stand:

«Als Adam grub und Eva spann,
wer war denn da der Rittersmann?»

Die Anregung zu diesem Spruch war ganz und gar irdisch, und seine Worte beinhalten eine Ablehnung der ständischen Gesellschaftsordnung, die ganz bewußt in einen Gegensatz gestellt wird zu den Realitäten des Lebensunterhalts und der Arbeit.

Teilung in Klassen nach Eigentum und der Stellung im Produktionsprozeß Die Verwirrung, zu der es gewöhnlich kommt, wenn der Versuch unternommen wird, die Rolle der sozialen Konflikte in der Geschichte zu erforschen, ergibt sich aus dem Fehler der Benutzung von Klassenbegriffen, die auf eine mechanische Art und Weise definieren und im allgemeinen der Wirklichkeit der gegenwärtigen Geschichte entlehnt sind. Bezeichnungen wie «Bourgeoisie» oder «Proletariat» werden gebraucht, als ob sie so konkreten und stabilen Tatsachen wie Tierarten entsprächen oder als ob sie über bestimmte Qualitäten verfügten, von denen sich mehr oder weniger zwangsläufig und unveränderlich Handlungslinien ableiten lassen. So wird der Bourgeoisie beispielsweise im Rahmen der Gesellschaftsstruktur des Ancien régime eine ständige revolutionäre Rolle angedichtet, wobei die Rolle, die diese Gesellschaft gespielt hat, als es mit ihr zu Ende ging (in Frankreich z. B. 1789) allzu weit in die Vergangenheit zurückverlegt wird. Dabei wird vergessen, daß die Haltung der Bourgeoisie im Verlauf der Geschichte von einem Gesamtbild konkreter wirtschaftlicher Situationen abhängt und von einem Spiel von Bündnissen und Konfrontationen, die für jeden Augenblick und jeden Ort eigens untersucht und bestimmt werden müssen. Für das Kastilien des frühen Mittelalters hat Reyna Pastor beispielsweise hervorheben können, daß die Bourgeoisie sich als «Schmarotzer der Grundherrenklasse» verhielt und ihr half, die bestehende Gesellschaftsorganisation zu stabilisieren, statt ihren Umsturz anzustreben.

Der Historiker muß die beiden folgenden Regeln zugleich beherzigen: Erstens wird er niemals zum Verständnis der Entwicklungsdynamik einer Gesellschaft gelangen, wenn er nicht die Auseinandersetzungen der sie bildenden Klassen versteht; und zweitens muß er die Kriterien ausfindig machen, nach denen sich diese Klassen bestimmen lassen, und die objektiven Gründe für ihre Auseinandersetzungen suchen, und zwar auf der Ebene ihrer jeweiligen Stellung im Verhältnis zum Produktionsprozeß, d. h. in den Arbeitsverhältnissen, die sie vereinen – oder teilen –, in der Verteilung des Eigentums, in der Form der Aneignung des Mehrprodukts...

Man sollte den mechanischen Gebrauch von Klassenbezeichnungen bekämpfen, denn man kann «Klasse» nicht einfach als Etikett benutzen, das man Menschen oder Gruppen von Menschen aufklebt, um sie so zu definieren; auf diese Weise wäre jede weitere Untersuchung überflüssig. Eine Klasse ist kein «Ding» und keine Kategorie: sie ist zugleich ein Verhältnis zwischen den Angehörigen einer Gesellschaft und ein historisches Verhältnis und daher eine sich verändernde Wesenheit. E. P. Thompson definiert sie wie folgt: «Die Klasse entsteht oder besteht dann, wenn mehrere Menschen als Ergebnis gemeinsamer Erfah-

Rechts: Um zu überleben, paßte sich der frühere Mensch seiner Umgebung an und bildete besondere Fähigkeiten immer weiter aus. Er machte sich z. B. Gegenstände seiner natürlichen Umwelt als Hilfsmittel zunutze und konstruierte Werkzeuge und Waffen für Akkerbau und Jagd. Unten: Auch in Gegenden, die äußerst wenig Nahrungsquellen aufweisen, haben sich Menschen zurückgezogen; sie leben dort als Nomaden.

rungen (ererbter oder selbst erlebter) die Übereinstimmung ihrer Interessen untereinander oder gegen andere, deren Interessen sich von den ihrigen unterscheiden (und ihnen gemeinhin entgegengesetzt sind), fühlen und zum Ausdruck bringen. Die Klassenerfahrung wird zum Großteil bestimmt durch die Produktionsverhältnisse, in die der Mensch hineingeboren wird – oder in die er selbst eintritt. Das Klassenbewußtsein ist die Form, in der diese Erfahrungen kulturell eingesetzt werden: verkörpert in Traditionen, Wertsystemen, Vorstellungen und in institutionellen Formen.»

Untersucht man das Problem so, dann werden Begriffe wie «Lehnsherr» und «Bauer», «Bürger» und «Proletarier» von vereinzelten Wörtern, die man kaum definieren kann, zu den Polen eines Verhältnisses: der Ausbeutung des Bodens in der Feudalzeit; der Warenproduktion in der Epoche des Kapitalismus. Sie sind dann nicht länger leere Worthülsen, sondern werden Früchte voller Fleisch und Saft. Sie sind keine Etiketten mehr, sondern Bezeichnungen für lebendige und aktive Menschen. Noch wichtiger daran ist womöglich, daß diese Form von Geschichte der Gesellschaft – als Studium von Verhältnissen und Auseinandersetzungen zwischen Klassen – uns die Lösung der Probleme erlaubt, auf die wir im ersten Teil hingewiesen hatten. Die Geschichte der Industrialisierung beispielsweise ist dann nicht länger ein bloßer Bericht über die Entwicklung der Industrie, wie dies bei den meisten gängigen Wirtschaftsgeschichten der Fall ist, die das Wirtschaftswachstum beschreiben und erklären, als handelte es sich dabei um eine kollektive Unternehmung, die sich in natürlicher und neutraler Form fernab von den Konflikten zwischen den Menschen entwickelt.

Wir werden dann auch verstehen, warum eine «Sozialgeschichte» unannehmbar ist, die sich darauf beschränkt, die bestehenden Strukturen zu beschreiben, sie als unbeweglich darstellt, unter dem Vorwand, sie wolle uns ihre Anatomie zeigen, die sie damit erstickt und uns lediglich ihren Panzer und ihr Gerippe bietet.

Ebensowenig werden wir eine Geschichte der Arbeiterbewegung akzeptieren, die sich damit begnügt, nur vom Handeln der Arbeiterklasse zu berichten, ohne zu merken, daß mit der Trennung dieses Handelns vom Wirken aller sozialen Gruppen, mit denen es in Konflikt gerät, dieses Handeln seiner logischen Erklärung beraubt wird und daß eine Geschichte, die das Handeln von Arbeiterklasse und -bewegung losgelöst von der Wirtschaftsentwicklung zeigt, in der sich ihr Bewußtsein und ihre unmittelbare Strategie herausgebildet haben, die wichtigsten Schlüssel zu ihrem vollen Verständnis außer acht läßt. Eine legitime Geschichte der Arbeiterbewegung kann man nicht losgelöst von der Untersuchung des Systems der Verhältnisse in der Fabrik und in der kapitalistischen Gesellschaft schreiben. Dazu müssen wir die Entwicklung der Industrieproduktion, das Verhalten der Unternehmer (nicht nur im strikt wirtschaftlichen Bereich, sondern auch auf politischem Gebiet, das ihnen die Nutzung der Staatsmaschine zur Durchsetzung ihrer Zwecke erlaubt), die Entwicklung der Unternehmergewinne und der Arbeiterlöhne, den Lebensstandard und die Arbeitsbedingungen der Lohnabhängigen … kennen.

Man muß alle diese Angaben in dynamischer Form, in ihrer Wechselwirkung kennen. Nur im Gewebe einer derartigen Untersuchung wird diese Geschichte ihren vollen Sinn erlangen und zur Geschichte des kollektiven Handelns der Arbeiterklasse werden können. Außerhalb dieser Untersuchungen erscheinen Streiks, Losungen oder Auseinandersetzungen trocken und leblos, wie Fische außerhalb des lebenspendenden Ozeans. Vielleicht können wir jetzt mit diesen neuen Schlüsselbegriffen noch einmal den Versuch machen, das Problem der Etappen der Menschheitsgeschichte, mit dessen oberflächlicher Untersuchung wir schon begonnen hatten, in den Griff zu bekommen.

Die historische Untersuchung der Gesellschaften

Grundbegriffe Aus dem bisher Gesagten läßt sich entnehmen, daß die historische Untersuchung der menschlichen Gesellschaften nicht reduziert werden darf auf eine bloße Summe voneinander isolierter Untersuchungen der Demographie, der Wirtschaft, der politischen Organisation und der Kultur. Uns interessiert nicht die simple Zusammenfügung dieser Elemente, sondern die von ihnen gemeinsam gebildete Einheit, das Ergebnis ihrer Wechselwirkung. Doch wie soll man diese komplexe Wirklichkeit untersuchen? Wie sollen wir die verschiedenen Bestandteile, aus denen sie sich zusammensetzt, gliedern?

Einen Weg zur Lösung des Problems finden wir in der alten Auffassung, welche die Entwicklung der Menschheit als einen diskontinuierlichen Prozeß ansieht, der in relativ stabilen Etappen verläuft, die getrennt sind voneinander durch Perioden revolutionärer Umwälzungen. Eine jede dieser Etappen – dieser Zeitalter – weist eine bemerkenswerte innere Kohärenz auf: eine Entsprechung zwischen den Lebensformen, der politischen Organisation der unterschiedlichen menschlichen Gemeinschaften, den Ideologien. Wie kann man sich diese Tatsache erklären?

Adam Smiths Theorie der Subsistenzweise Mitte des 18. Jahrhunderts stellte die schottische Schule der Geschichtswissenschaft, der Adam Smith (1723–1796) angehörte, die Behauptung auf, der wesentliche Schlüssel zur Entwicklung der menschlichen Gesellschaften, das Rückgrat, das den inneren Zusammenhang einer jeden Phase erkläre, sei in ihren *Subsistenzweisen** zu suchen: der Jagd, der Weidenutzung, der Landwirtschaft und dem Handel, die zeitlich nacheinander entstanden und Momente des geschichtlichen Fortschritts seien. Die Art der Lebensproduktion eines jeden Volkes bedinge seine Gesetze und seine politische Organisation. Sehr ähnliche Gedanken wurden zur gleichen Zeit in Frankreich von Robert Jacques Turgot (1727–1781) vorgestellt und später von

---

«Immer erscheinen Philosophen im Hintergrund, die – bewußt oder unbewußt, ob sie wollen oder nicht – an ihre Gesellschaft, an eine bestimmte Klasse von ihr, an deren fortschrittliche oder rückschrittliche Bestrebungen gebunden sind. Und das, was an ihrer Philosophie das wirklich Persönliche, das wirklich Originelle scheint und ist, wird gespeist, unterrichtet, gestaltet und geleitet von eben diesem Boden – und von seiner geschichtlichen Bestimmung... Je authentischer und bedeutsamer ein Denker, um so stärker erweist er sich als treuer Sohn seiner Zeit, seines Landes, seiner Klasse. Probleme stellen sich, wenn sie wirklich philosophisch, fruchtbar sein sollen, immer konkret: d. h., sie sind von ihrem Inhalt wie von ihrer Form her von den gesellschaftlichen, wissenschaftlichen, künstlerischen usw. Ängsten und Bestrebungen ihrer Zeit bestimmt und schließen von sich aus eine konkrete Tendenz nach vorne oder nach hinten, zum Neuen oder zum Alten ein.»

GEORG LUKÁCS

Antoine Barnave (1761–1793) vervollständigt, der feststellte, daß die Gesetze und die Regierungsformen nicht die Frucht des Willens der Menschen seien, sondern daß sie vom gesellschaftlichen *Entwicklungsgrad* eines Volkes abhingen. Je nach diesem Entwicklungsgrad falle die Macht der einen oder anderen Gruppe zu, und diejenige, der sie zugefallen sei, übernehme es, die Gesetze zur Organisierung und Sicherung ihrer Macht zu formulieren. Neue gesellschaftliche Fortschritte würden jedoch nach und nach das bestehende Kräfteverhältnis ändern. Und von da an könnten «die alten Gesetze nicht länger gelten», so daß ein friedlicher Wandel oder eine Revolution eingeleitet werden müsse. So wie während des Ancien régime das Grundeigentum die Macht des Adels erhalten habe, habe nun die Ausweitung der kapitalistischen Wirtschaftsformen die Bedingungen zur Umwälzung der alten Ordnung und zur Hervorbringung einer neuen Gesellschaft unter bürgerlicher Vorherrschaft geschaffen.

Marx' und Engels' Theorie der Produktionsweise In diese Strömung der Geschichtswissenschaft knüpft die Interpretation der Geschichte von Marx und Engels an. Was für die schottische Schule die Subsistenzweise und für Barnave der gesellschaftliche Entwicklungsgrad war, sollte für sie die *Produktionsweise** sein, die zwei grundlegende Bestandteile umfaßt: die *Produktivkräfte* – die Menschen selbst, als *Arbeitskräfte* gesehen, und die *Produktionsmittel,* die sie benutzen – und die *Produktionsverhältnisse:* Dies sind die Verhältnisse, die durch den Kontakt der Menschen untereinander zustande kommen, die auf die eine oder andere Weise am Produktionsprozeß beteiligt sind. Die wichtigsten sind die Ei-

Der holländische Maler Vermeer van Delft (1632–1675) malte vorwiegend wenige Personen in stillen häuslichen Szenen der Bürgerhäuser des 17. Jh.s. Links: «Herr und Dame beim Wein» (Stiftung Staatliche Museen, Berlin/West).
Unten: Städtische Marktszene auf einer Miniatur aus dem 15. Jh. (Bibliothèque de l'Arsenal, Paris).

gentumsverhältnisse, die darüber bestimmen, wer über die Produktionsmittel verfügen kann, und die ihrerseits entscheidenden Einfluß auf eine zweite Art von Verhältnissen ausüben: nämlich diejenigen, welche die Aneignung der durch Arbeit geschaffenen Ergebnisse festlegen. Zwischen diesen beiden Grundbestandteilen besteht eine enge Entsprechung: der Entwicklungsgrad der Produktivkräfte muß übereinstimmen mit der Natur der Produktionsverhältnisse; entsteht eine entwicklungsmäßige Verschiebung, machen die Produktivkräfte Fortschritte und verändern sich, während die entsprechenden Produktionsverhältnisse unverändert bleiben, so kommt es zu einem Widerspruch, der schließlich zu einem Konflikt führen wird. Marx selbst sagt: «Aus Entwicklungsformen der Produktivkräfte schlagen diese Verhältnisse in Fesseln derselben um. Es tritt dann eine Epoche sozialer Revolution ein.»

Die durch die jeweils gegebenen Verhältnisse – insbesondere die Eigentums- und Aneignungssysteme – begünstigte Klasse stellt Gesetze und eine politische Organisation zur Sicherung und Bewahrung ihrer privilegierten Stellung auf. Daher muß die politische und juristische Organisation der Produktionsweise entsprechen. Die Feudalgesellschaft definiert sich durch besondere Produktionsverhältnisse – das Eigentum ist unter einer Hierarchie von Herrschern verteilt, die berechtigt sind, Teile des Arbeitsprodukts von ihren Untertanen entgegenzunehmen –, aber auch, und das nicht weniger deutlich, durch politische und juristische Merkmale – Pfründe und Lehnspflicht, Machtverteilung parallel zur Eigentumsverteilung. Viele Historiker behaupten, diese institutionellen Merkmale seien die einzigen, nach denen sich der Feudalismus mit Fug und Recht definieren lasse.

Die Menschen, die in einer bestimmten Gesellschaftsformation leben, neigen dazu, die bestehende Produktionsweise und die politische und juristische Organisation als getrennte Realitäten wahrzunehmen, von denen eine jede einer angeblich natürlichen und beständigen Ordnung der Dinge entspricht. Für diejenigen, die in der Feudalgesellschaft lebten, schien die bestehende Ordnung Gottes weisem Ratschluß von Anbeginn der Zeiten zu entsprechen, wonach die verschiedenen, zur Sicherung des gesellschaftlichen Bestands notwendigen Funktionen in angemessener Weise unter den verschiedenen Ständen zu verteilen seien: unter denen, die Krieg führten, denen, die beteten, und denen, die arbeiteten. Dies schien ihnen eine vollständige und ausreichende Erklärung zu sein. Wer sich der bestehenden Ordnung entgegenstellte – wie die Bauern, die sich in Waffen gegen ihre Herren erhoben –, tat dies also auf der gleichen ideologischen Ebene mit dem Angriff auf diese Anschauung, mit der ihre Abhängigkeit gerechtfertigt und verewigt werden sollte. Jetzt können wir die wirkliche Reich-

Links: Der Cortes, das Ständeparlament der katalanisch-aragonischen Krone unter Vorsitz des spanischen Königs Jakob I. (Jaime el Conquistador, 1208–1276; Miniatur der «Constitucions de Catalunya», Archivo de la Corona de Aragón, Barcelona).

weite jenes Wahlspruchs verstehen, den wir zuvor angeführt haben: «Als Adam grub und Eva spann, wer war denn da der Rittersmann?» Die Produktionsweise formt Denken und Weltanschauungen, und auf diesem, dem ideologischen Gebiet, werden sich die Menschen der gesellschaftlichen Probleme, Gegensätze und Konflikte bewußt.

Gruppeninteressen und individuelle Handlungen Man darf nicht die Interessen einer Klasse verwechseln mit den konkreten Beweggründen, aus denen sich die individuellen Handlungen der Menschen erklären, die die jeweilige Klasse bilden. Die französische Bourgeoisie des 18. Jahrhunderts hatte ein objektives Interesse am Sturz des Ancien régime, aber es wäre falsch, anzunehmen,

Der spanische Maler Goya hatte Zugang zu dem Adel und der Intelligenz Spaniens, er war dort angesehen, obwohl er ein sehr genauer Beobachter der Mißstände seiner Zeit war und diese auf seinen Bildern festhielt (Beispiele sind die «Caprichios» und «Desastres de la Guerra»). Aus seiner Zeit als Hofmaler stammt Goyas Gruppenbild «Die Familie Karls IV.» (1800 Prado/Madrid), das auch auf damalige Betrachter wie eine Karikatur der königlichen Familie gewirkt haben muß.

daß die Bürgerlichen, die in der Revolution ihr Vermögen und ihr Leben aufs Spiel setzten, bewußt diesem Gruppeninteresse entsprechend gehandelt hätten. Sie erfuhren die Widersprüche, welche sie mit der Gesellschaft, in der sie lebten, konfrontierten, in ihrem täglichen Leben als Mängel oder Ungerechtigkeiten, die alle betrafen. Sie lernten sie kennen im Elend, das durch den Fortbestand der Feudalverhältnisse verursacht wurde, welche den Bauern dazu verdammten, den größten Teil seines Mehrprodukts an die Grundherren und an die Kirche abzuliefern; sie erfuhren die Widersprüche in der Ungerechtigkeit eines Gesetzsystems, das nicht alle Menschen nach den gleichen Regeln verurteilte; und sie erlebten die Widersprüche in einer rückständigen Ideologie, die sich den Fortschritten der Wissenschaft widersetzte, sobald diese die überkommene Weltanschauung zu

bedrohen schienen. Sie sahen den Konflikt auf dieser Ebene und glaubten aufrichtig, sie würden für die Freiheit und den Fortschritt aller Menschen kämpfen. Eine andere Geschichte ist, daß sich danach herausstellte, daß es sich nicht um die Freiheit und den Fortschritt aller handelte – wie die Arbeiter feststellten, denen im Namen der Freiheit danach das Recht verweigert wurde, sich zur Verteidigung ihrer Forderungen nach besseren Arbeitsbedingungen und höheren Löhnen zu vereinigen.

Wechselbeziehungen zwischen Produktionsweise und Ideologie Wenn gesagt wird, daß die Ideologie der Natur der Gesellschaftsformation entspricht und daß diese in letzter Instanz von der Produktionsweise abhängt, dann heißt das nicht, daß eine mechanische Entsprechung zwischen den verschienen Ebenen bestünde, daß Wissenschaft oder Kunst bloße Reflexe des wirtschaftlichen Entwicklungsgrades seien. Es bedeutet aber auch nicht das Gegenteil: daß sie «autonome, von der gesellschaftlichen Welt völlig isolierte Systeme» seien. Zwischen der überwiegend religiösen Malerei des Mittelalters und der holländischen Malerei des 17. Jahrhunderts mit ihren bürgerlichen Interieurs und ihrer feinfühligen Beschreibung des täglichen Lebens, besteht ein Unterschied, in dem die Entwicklung der Stile und Techniken, aber auch und vor allem die durch gesellschaftliche Veränderungen verursachte Entwicklung zum Ausdruck kommt. Veränderungen etwa des Publikums, für das die niederländischen Maler Rembrandt (1606–1669) und Pieter de Hooch (1629–1684) malten, deren Kunden nicht mehr die Kirchen und Klöster, sondern die Kaufleute, die Gilden und Zünfte waren. Veränderungen der Vorstellungen, die eine Gesellschaft darüber, was Kunst sein soll, hervorbringt, und die im Stil und in der Sprache, die der Künstler gebraucht, ihren Niederschlag finden. Es handelt sich dabei jedoch nicht nur um die bewußte und absichtliche Reaktion des Künstlers auf Geschmack und Vorlieben des Publikums, sondern er selbst nimmt teil an kollektiven Denkformen, welche der Gesellschaftsformation, deren Bestandteil er ist, entsprechen und ihre Beschränkungen und Konflikte widerspiegeln. Als Goya (1746–1828) *Die Familie Karls IV.* (1800) malen sollte, nahm er sich vor, sie in ihrer ganzen Majestät und ihrem ganzen Adel zu malen. Aber Goya lebte in einer Epoche, in der sich die absolute Monarchie in einer Krise befand, und er selbst hatte, wie seine Zeichnungen beweisen, Anteil an den Gedanken derjenigen, die die Auswüchse und die Unterdrückung des Ancien régime bekämpften. Seine Augen sahen die Königsfamilie daher als menschliche Wesen mit all ihrem Elend und all ihren Schwächen; und sie ähneln in nichts jenen höfischen Gemälden der Vergangenheit, in denen die Maler den Souverän als Wesen von eigenartiger Würde darstellten, welches sich von der übrigen Menschheit unterscheidet. Mit Goyas gesellschaftlichem Bewußtsein ist noch keineswegs seine Kunst erklärt, sondern es bedarf vieler anderer Zugänge größtenteils ästhetischer Natur, um zu einem vollständigen Verständnis seiner Malkunst zu gelangen. Aber auf diese Weise können wir Züge verstehen, die nicht weniger wichtig sind als die

Stil- oder Mischungsmerkmale: nämlich um diese Werke vor dem Hintergrund ihrer Zeit zu sehen und zu verstehen, was an ihnen sie repräsentativ für eine Gesellschaft in der Krise werden ließ.

Untersuchung von dynamischen historischen Zeiträumen Bisher haben wir von der Produktionsweise als Schlüssel zum Verständnis der Abfolge grundlegender Etappen der menschlichen Geschichte gesprochen. Doch umfassen diese Etappen Perioden von sehr langer Dauer – das Sklavenhaltertum der Antike, den Feudalismus, den Kapitalismus ... –, und sie würden uns lediglich ein allzu allgemeines Bezugssystem liefern, als daß es schon den Rahmen der Untersuchung jener zeitlich begrenzteren Realitäten geben könnte, mit denen sich gewöhnlich der Historiker beschäftigt. Es erscheint ratsam, ein weniger weitreichendes, aber nuancenfreieres Konzept zu gebrauchen: das der Wirtschafts- und Gesellschaftsformation. Damit sind nicht nur die Produktivkräfte und die Produktionsverhältnisse gemeint, sondern sie umfaßt die historische Totalität einschließlich der politischen, juristischen, kulturellen usw. Überbaustrukturen*. Damit wird aber auch den Besonderheiten Rechnung getragen, die eine Produktionsweise an einem bestimmten Ort und zu gegebener Zeit aufweisen kann: den Unterschieden beispielsweise, welche der Feudalismus im Früh-Mittelalter in Westeuropa vor und nach der ersten Krise aufwies, als zwar das landwirtschaftliche System gleich blieb, der Feudaladel aber die Aneignungs- und Herrschaftsformen zu seinen Gunsten veränderte.

(Seit der Entstehung feudalistischer Ökonomie hatte das Feudaldorf mit Hilfe einer verbesserten Technik nun auch auf dem Land durchaus ökonomisch wirtschaften können – diese Periode dauerte vom 5. Jahrhundert an bis gegen Ende des 13. Jahrhunderts. Die Freibauern auf eigenem Land produzierten bis dahin die Lebensmittel für die gesamte Bevölkerung, für Landbewohner und Städter, Bauern, Handwerker, Händler, Künstler, Studierte, Adlige und Geistliche. Dieses Produktionssystem funktionierte, so lange sich die Landwirtschaft immer weiter auf die noch nicht urbar gemachten Teile Europas ausbreiten konnte.

Die Feudalordnung stieß an ihre Grenzen, als aller Boden aufgeteilt war, die Bevölkerung wuchs, und sich immer mehr Menschen eine gleichbleibende Menge von Landwirtschaftsgütern teilen mußten. Neue Rechtsprechungen erlaubten einen immer schärferen Zugriff auf das, was der Bauer erwirtschaftete, sein Land und zuletzt ihn selbst. Sein Stand wandelte sich von dem eines freien Bauern in den eines Leibeigenen um.)

Und schließlich bestehen auch die Produktionsweisen nicht in reiner Form und als einzige Bestimmungsfaktoren der Gestaltung einer Gesellschaft. In allen Fällen, die wir beobachten können, werden wir Kombinationen unterschiedlicher Produktionsweisen finden, wenngleich eine sich als die beherrschende und kennzeichnende erweisen wird. Wenn wir den Begriff der Produktionsweise als etwas Dynamisches verstehen, das in ständiger Entwicklung begriffen ist, so ist dieses Zusammenfallen unterschiedlicher Produktionsweisen in einem gegebenen Zeit-

raum logisch und natürlich. Neben der herrschenden, die Gesellschaft kennzeichnenden bleiben eben Reste vergangener Produktionsweisen, deren Überbleibsel allmählich beseitigt werden, und wir finden auch Anzeichen der fortschrittlicheren Produktionsweise, welche der gerade Bestehenden folgen soll, die in ihren Gesetzmäßigkeiten Nahrung erhält und allmählich heranwächst, bis sie imstande ist, die gegenwärtige aus ihrer herrschenden Stellung zu verdrängen. Innerhalb der Feudalgesellschaft finden wir Merkmale früherer Produktionsweisen – Eigentumsformen und Formen des gemeinschaftlichen Ackerbaus, die an eine weit zurückliegende Vergangenheit erinnern – und Anzeichen der Zukunft, vereinzelte Ansätze, Inseln neuer Verhältnisse, die kapitalistischen Charakter tragen, obgleich noch nicht von einer kapitalistischen Produktionsweise die Rede sein kann, denn diese Ansätze sind bei weitem nicht dominant, sondern sie existieren gewöhnlich in Symbiose, in einer Lebensgemeinschaft von gegenseitigem Vorteil mit dem Feudalismus, und sie gliedern sich vereinzelt in die bestehende Gesellschaftsstruktur ein, ohne mit ihr in Konflikt zu geraten.

Mit diesem Begriff der Wirtschafts- und Gesellschaftsformation als realem

Auftraggeber und Themen der Malerei veränderten sich im Verlauf des Mittelalters. Unter dem Einfluß gesellschaftlicher Veränderungen ließen nicht mehr nur Klöster und Könige religiöse Malerei anfertigen, sondern Gilden, Zünfte und Kaufleute gaben auch weltliche Themen in Auftrag. Links: «Orpheus und Eurydike» (Louvre, Paris) von Nicolas Poussain (1594–1665). Unten: Diese Seite eines herzöglichen Stundenbuches aus dem Frankreich des 15. Jh.s stellt den Monat Oktober dar (Musée Condé, Chantilly).

Moment der Geschichte einer Gesellschaft, das die Produktionsweise – mit ihren Besonderheiten und jeweils auftretenden Kombinationen – und die Überbaustrukturen berücksichtigt, können wir übergehen von der Untersuchung der großen Etappen und der revolutionären Veränderungen, welche den Übergang von der einen zur anderen kennzeichnen, auf die Ebene der in Zeit und Raum begrenzteren und konkreteren Realitäten, die gemeinhin Gegenstand der historischen Forschung sind.

Forschungsmethoden Die theoretischen Vorstellungen, die wir bisher entwickelt haben, müssen durch Überlegungen zu den konkreten Forschungsmethoden ergänzt werden, mit deren Hilfe die Theorie praktisch angewendet werden kann; erst durch die Untersuchung der konkreten Verhältnisse wird ein umfassendes Verständnis der historischen Entwicklung möglich, das den bruchstückhaften Charakter der traditionellen Gelehrsamkeit überwindet. Es wäre im Rahmen dieser Arbeit nicht möglich, eine ins einzelne gehende Bilanz zu erstellen. Daher sollen auf diesen Seiten lediglich an Hand von Beispielen einige jüngere Beiträge dargestellt werden.

Ökonomische Modelle Zunächst einmal wollen wir uns auf die Ökonomie konzentrieren. Obwohl es auf dem Gebiet wirtschaftsgeschichtlicher Forschungsmethoden in den letzten Jahrzehnten erhebliche Fortschritte gegeben hat, soll hier als deren grundlegender Beitrag die Anwendung von *Modellen* hervorgehoben werden, die für die Erforschung der vergangenen Wirtschaftsentwicklung von großer Bedeutung gewesen ist. Im Prinzip ist ein Modell eine vereinfachte Konstruktion zur Erklärung des Wirkens einer Sache in der Wirklichkeit. Modelle sind in gewisser Weise die maßstabsgerechten Reproduktionen von Schiffen oder Flugzeugen, die zur Prüfung ihres Verhaltens unter realen Bedingungen der Schiffahrt oder des Fliegens eingesetzt werden. Man darf sie jedoch nicht verwechseln mit vereinfachten Nachahmungen im kleinen, die sich darauf beschränken, die Formen und das Äußere wiederzugeben, die jedoch nicht in ähnlicher Weise funktionieren wie das Original. Auf dem Gebiet der Sozialwissenschaften darf das Modell keine Verkleinerung des Untersuchungsgegenstandes – seines natürlichen Ausmaßes und Umfangs – beinhalten, sondern lediglich eine Reduzierung seiner Komplexität: zum einen soll es einfach genug sein, daß mit ihm wirksam gearbeitet werden kann, zum anderen soll es genau genug sein, um damit die Wirklichkeit mit angemessener Wahrscheinlichkeit reproduzieren zu können.

Zwar wird das Wort «Modell» mit sehr unterschiedlichen Bedeutungen und häufig geringer Genauigkeit benutzt, aber der korrekteste Gebrauch dieses Wortes liegt nach E. Malinvaud dann vor, wenn es sich bezieht auf «die formale Darstellung von Vorstellungen oder Kenntnissen über eine Erscheinung; diese Vorstellungen werden durch ein Gesamt von Hypothesen über die wesentlichen Elemente der Erscheinung und die sie bestimmenden Gesetzmäßigkeiten zum

Das System der mittelalterlichen Feudalordnung basierte auf der Arbeitsleistung der freien Bauern, später der Leibeigenen, und dem Schutz des Landesherren: Essensszene in einem Adelshaus Ende des 15. Jh.s (Bibliothek San Marco, Venedig).

Ausdruck gebracht». Im allgemeinen werden Modelle in die Form eines mathematischen Systems umgesetzt, das ebenfalls Modell heißt. Damit letzteres möglich ist, damit wir es also in ein mathematisches System umsezten können, müssen alle zu untersuchenden Verhältnisse quantifizierbar und das gesamte betrachtende Beziehungsgeflecht verhältnismäßig einfach sein. Wir wenden dabei zwar ein der Ökonometrie entlehntes Konzept an, aber der Historiker muß sich dieses Modells in besonderer Weise bedienen. Während die Ökonometrie von den Daten der Gegenwart und den Funktionsregeln des Systems ausgeht und die Vorhersage von zukünftigen Daten anstrebt, geht die Wirtschaftsgeschichte von zwei unterschiedlichen, aufeinanderfolgenden Momenten der Vergangenheit aus (die wir sehr gut kennen), um auf diese Weise die Regeln zu entziffern, welche die Umgestaltung des ersten in das zweite bestimmt haben; ja man kann sogar den Zweck, den Modelle für die Ökonometrie besitzen, umkehren und ausgehend von Angaben über die Gegenwart und von der Kenntnis der Entwicklungstendenzen den Versuch unternehmen, das System in die Vergangenheit zu projizieren, um «Geschichte rückwärts zu schreiben», wie der amerikanische Nationalökonom W. W. Leontief (* 1906), der die Input-Output-Analyse* entwickelte, vorgeschlagen hat.

Die Vertreter der sogenannten *new economic history* oder der ökonometrischen* Geschichte, die in den Vereinigten Staaten eine beträchtliche Bedeutung erlangt hat, haben sich der Modellbildung zur Lösung sehr unterschiedlicher Probleme in der Erforschung der Wirtschaftsentwicklung in der Vergangenheit bedient. Sie haben z. B. versucht zu beweisen, daß die Sklavenhalter-Landwirtschaft des Südens der Vereinigten Staaten noch am Vorabend des Sezessionskriegs eine gangbare Wirtschaftsform gewesen sei. Sie haben damit Interpretationen widersprochen, die behaupteten, es habe sich dabei um eine vorsintflutliche Institution gehandelt, die nur noch aus ideologischen Gründen aufrechterhalten worden sei und die von ganz alleine, ohne daß es dazu eines Bürgerkriegs bedurft hätte, verschwunden wäre. Robert W. Fogel rekonstruierte hypothetisch, wie die Wirtschaft der Vereinigten Staaten ohne Eisenbahnen ausgesehen hätte, indem er versuchte, die Unterschiede zu messen, zu denen es im wirt-

---

«Es ist nicht, daß die ökonomische Lage Ursache, allein aktiv ist und alles andere nur passive Wirkung. Sondern es ist Wechselwirkung auf Grundlage der in letzter Instanz stets sich durchsetzenden ökonomischen Notwendigkeit... Es ist also nicht, wie man sich hier und da bequemerweise vorstellen kann, eine automatische Wirkung der ökonomischen Lage, sondern die Menschen machen ihre Geschichte selbst, aber in einem gegebenen, sie bedingenden Milieu, auf Grundlage vorgefundener tatsächlicher Verhältnisse, unter denen die ökonomischen, sosehr sie auch von den übrigen politischen und ideologischen beeinflußt werden mögen, doch in letzter Instanz die entscheidenden sind und den durchgehenden, allein zum Verständnis führenden roten Faden bilden.»

FRIEDRICH ENGELS

Das Bewußtsein der arbeitenden Bevölkerung für die eigene gesellschaftliche Stellung und die eigenen Interessen gegenüber anderen (Klassenbewußtsein) hat sich in einer langen Zeit sozialer Kämpfe entwickelt. Streik amerikanischer Eisenbahnarbeiter Ende des 19. Jh.s (Nationalbibliothek, Paris).

schaftlichen Wachstumsprozeß gekommen wäre. Er wollte damit prüfen, ob der Bau des Eisenbahnnetzes eine, wie die gängigen Interpretationen behaupteten, unerläßliche Bedingung für das Auftreten dieses Wachstums gewesen war. Es sind sogar noch anspruchsvollere Studien angestellt worden. So wurde beispielsweise der Industrialisierungsprozeß in Japan auf diese Weise erforscht, wobei mit Hilfe eines Simulationsmodells parallel auf der Grundlage der Kenntnis

Als sich in den europäischen Metropolen schon das technische Zeitalter ankündigte, herrschte in den Kolonien noch Sklaverei (Gemälde zur Abschaffung der Sklaverei von F. Biar, Museum von Versailles).

der gegenwärtigen Wirtschaften Südostasiens ein Vergleich angestellt wurde.

Die Anwendung von Modellen *scheint* für die Zukunft nahezu unbegrenzte Möglichkeiten zu bieten, aber man muß sich der Beschränkungen von Modellen und insbesondere der zahlreichen Wirtschafts- und Gesellschaftsfaktoren – die für die Prozesse, mit denen wir uns beschäftigen, ohne Zweifel von Bedeutung sind – bewußt sein, welche schwerlich quantifizierbar sind und sich somit diesen

Gleichungssystemen entziehen. Wenn wir das Verfahren als das nehmen, was es ist, nämlich als ein Werkzeug zur Vertiefung unserer Kenntnisse über die Wirtschaftsentwicklung, dann muß anerkannt werden, daß es von erheblichem Wert ist und daß es uns die Überwindung der Schranken der traditionellen Wirtschaftsgeschichte ermöglicht, die ihre Daten einzeln untersuchte und dabei deren Wechselbeziehungen aus den Augen verlor oder sich darauf beschränkte, sie zur Kenntnis zu nehmen, aber nicht imstande war, sie wissenschaftlich zu untersuchen.

Vorausberechnung politischer Entwicklungen Auch auf dem Gebiet der politischen Geschichte, wo die herkömmliche Gelehrsamkeit schon alle Möglichkeiten erschöpft zu haben schien, können wir uns neue und vielversprechende Aussichten vorstellen. Die Anwendung von quantitativen Techniken – und die Hilfe von Computern – ermöglicht uns die tiefgreifende Erforschung von Angelegenheiten, bei denen wir uns bisher mit annähernden Einschätzungen von Tendenzen zufriedengeben mußten: etwa Wahlen und Abstimmungen, Streikbewegungen oder das Verhalten konkreter Gesellschaftsgruppen (die man durch die Auswahl einer Zahl von Stichproben rekonstruieren kann). Zwar kann man hier keine Modelle anwenden (jene Konstruktionen, die in der Soziologie oder in der Politikwissenschaft mit dieser Bezeichnung bedacht werden, scheinen dem Autor dieses Buches nicht sonderlich überzeugend zu sein), aber auch hier kann man eine Analyse anstellen, die die Wechselbeziehung der verschiedenen Faktoren berücksichtigt, die davon ausgeht, daß Gesetze, Institutionen und Programme keine vereinzelten Stücke sind, die man isoliert untersuchen könnte, sondern Teile eines zusammenhängenden Ganzen, von wirklichen oder projizierten politischen Konstellationen, die einer bestimmten gesellschaftlichen Organisation entsprechen. Auf diese Weise kann man Fehler vermeiden, wie etwa die Verwechslung der Kritik, die der aufgeklärte aristokratische Reformismus am Ancien régime übte, und der Kritik, wie die revolutionäre Bourgeoisie sie formulierte. Mögen die Argumente sich auch gleichen, ja zuweilen sogar übereinstimmen, so sind die Gesamtheiten, deren Bestandteil diese Kritiken sind, doch sehr unterschiedlich. Handelt es sich im ersten Fall um die Absicht, ein gesellschaftliches Organisationssystem von seinen auffallendsten Mängeln zu reinigen, um seinen Bestand zu sichern, so sind die Argumente im zweiten Fall, die der revolutionären Bourgeoisie, ein Bestandteil eines Plans zur Ersetzung der kritisierten Organisation durch eine neue und gänzlich andere. Die Annahme, man könnte einzelne Gegebenheiten der politischen Geschichte oder des Rechts ohne Bezug auf ihren allgemeinen Kontext untersuchen, ist gleichbedeutend mit der Vorstellung, Politiker und Gesetzgeber handelten als neutrale Wesen ohne Absichten der Bewahrung oder Veränderung bestimmter Formen gesellschaftlicher Organisation oder sie seien sich der Folgen nicht bewußt, welche eine politische Handlung oder die Verabschiedung eines Gesetzestextes auf gesellschaftlichem Gebiet haben können.

Sprachwissenschaftliche Untersuchungen Die überraschendsten Ergebnisse können die neuen Methoden jedoch auf dem Untersuchungsgebiet der Geschichte von Mentalitäten zeitigen, einem Gebiet, auf dem sich der Historiker gewöhnlich mit sehr strittigen Verallgemeinerungen oder mit der Analyse einzelner Texte zufriedengab. Hier ist in erster Linie die Bedeutung der linguistischen Methoden hervorzuheben, die bisher vor allem bei der Untersuchung des Wortschatzes angewandt worden sind: Häufigkeit bestimmter Begriffe, Wortverbindungen oder Wortgruppen usw. Simone Delesalle und Lucette Valensi haben beispielsweise den Gebrauch des Wortes «schwarz» in den alten französischen Wörterbüchern untersucht und dabei die ideologische Fracht bloßgelegt, die sich hinter der scheinbaren Objektivität eines Wörterbuchs verbergen kann. Maurice Tournier hat sich den Wortschatz von Petitionen der französischen Arbeiter von 1848 vorgenommen, um zu sehen, welche Vorstellungen sie sprachlich widerspiegeln und woher sie gekommen sind; und dabei hat er nachgewiesen, daß eine fortschreitende Verschiebung des Wortgebrauchs stattgefunden hat: von einem umgangssprachlich-politischen Wortschatz, in dem Wörter wie *Volk, Bürger, Verfassung* oder *Freiheit* vorherrschten, zu einem «sozioprofessionell» geprägten Wortschatz, in dem Wörter wie *Lohnabhängiger, Werktätiger* oder *Klasse* vorherrschen.

Selbst weit intimere Bereiche des menschlichen Denkens, die dem Historiker praktisch verschlossen schienen, können nun durch die Anwendung neuer Methoden allmählich erschlossen werden. Als Beispiel mag Michel Vovelles *Piété baroque et déchristianisation en Provence au XVIIIe siècle* dienen, wo der Versuch unternommen wird, an Hand möglichst objektiv meßbarer Angaben etwas derart schwierig zu Fassendes wie die Verweltlichung des Denkens (*decristianización*) die sich in Frankreich während des 18. Jahrhunderts vollzog und gewöhnlich mit der Revolution in Verbindung gebracht wird. Zu diesem Zweck wählte er ein bestimmtes geographisches Gebiet, die Provence, und eine so umfangreiche und repräsentative Dokumentenmasse wie die Testamente aus, an Hand derer sich die Einstellung der Menschen zum Tod und zum Jenseits untersuchen läßt, und vervollständigte sie mit einer Reihe von Studien über Zünfte, religiöse Orden usw. Die Arbeit geht in zwei Etappen vor. In der ersten wird die Datenmasse insgesamt untersucht, auf diese Weise ein geographisches Bild und eine Grundlage für erste Schlußfolgerungen geschaffen. In der zweiten wird dann auf der Basis der zuvor erstellten geographischen Verteilungen eine Reihe von örtlichen Untersuchungen vorgenommen, die eine Bestätigung und Bereicherung der ersten Ergebnisse ermöglichen. Dank dieser minuziösen Forschung kann der Autor zu dem Schluß gelangen, daß es im 18. Jahrhundert, vor und unabhängig von der Revolution zu einer «größeren Veränderung der kollektiven Sensibilität» gekommen ist, die in einem Rückgang der religiösen Praxis einen Ausdruck fand. In einer späteren Arbeit hat Vovelle eine ausgezeichnete Untersuchung der Verhaltensweisen verschiedener gesellschaftlicher Schichten und Gruppen gegenüber diesem Problem erstellt, die uns die Veränderungen aufzeigt, welche sich im Verlauf des 18. Jahrhunderts vollzogen haben: von der anfänglichen Übereinstimmung der Reaktionen von Adel und Bürgertum bis zu den erheblichen Unterschieden, die sich am Vorabend der Revolution feststellen lassen, als der Adel nach wie vor an seinen Einstellungen der Vergangenheit festhielt, während die Bourgeoisie ihre Einstellungen radikal verändert hatte und sich so auf dem Gebiet der religiösen Vorstellungen jene Klassenauseinandersetzungen widerspiegelten, aus denen dann die Revolution hervorgehen sollte.

Geschichte als Hoffnung Wir sind also am Ende unseres Weges angelangt, den wir zuweilen vielleicht etwas überstürzt, zuweilen mit einigen gewagten Umleitungen und Abkürzungen hinter uns gebracht haben, um einen so langen Weg in so kurzer Zeit zurücklegen zu können.

Ausgegangen sind wir von den Trümmern einer hinfälligen sinnentleerten Geschichte, und wir sind angelangt bei den allgemeinen Linien des Entwurfs einer neuen Geschichte. Wenn etwas klargestellt werden sollte, dann daß diese

Die sogenannte Dritte Welt befindet sich am Scheideweg: Übernahme der Kulturformen, wie sie den technisierten Ländern eigen geworden sind, oder Stärkung der einheimischen Kulturformen?

neue Geschichte mit der alten wenig gemein haben wird. Daß sie nicht eine Wissenschaft der Vergangenheit, sondern eine Wissenschaft vom Menschen sein wird. Daß ihr Untersuchungsgegenstand die menschlichen Gesellschaften, die Menschen in ihrer Kollektivität sein werden und daß sie entweder Sozialgeschichte oder nichts sein wird. Daß Geschichte zwar gemeinhin bezogen auf einzelne Bereiche und Felder – Politik, Wirtschaft, Kultur – betrieben wird, daß es aber keine Politik-, Wirtschafts- oder Kulturgeschichte gibt, sondern einfach nur menschliche Geschichte, denn ihre Aufgabe ist es, jene Bruchstücke eines umfassenden Bildes zusammenzubringen, und ihre Erklärungen können nur ihren vollen Sinn erhalten, wenn sie sich auf die Gesellschaft als Ganzes beziehen.

Und schließlich, daß ihr Zweck nicht darin besteht, unsere Neugier zu befriedigen oder uns kulturell zu bereichern, sondern darin, herauszufinden, wie die Gesellschaften der Vergangenheit funktionierten, so daß wir verstehen können, wie die heutigen funktionieren: sie soll den Menschen helfen, ihre Lage zu erkennen, indem sie ihnen die Vergangenheit verständlich macht. In diesem Sinne sind jene Absichten der alten humanistischen Geschichte nach wie vor vollauf gültig, auch wenn wir sie heute anders verstehen, die Luís Cabrera de Córdoba (1559–1623) folgendermaßen formulierte: «Wer mit Aufmerksamkeit die Geschichte der alten Zeiten betrachtet und ihre Lehren behält, dem erhellen sich die zukünftigen Dinge, denn die Welt ist ganz von derselben Art.»

Ich zweifle nicht daran, daß viele diese Vorstellungen für vernünftig halten und sich fragen, wie es möglich war, daß diese Geschichte – die in ihren Grundlinien schon vor einem Jahrhundert entstand – sich nicht gegen die herkömmliche akademische Geschichte durchsetzen konnte, die noch immer lebt und herrscht und doch nichts anderes getan hat, als ihre Gebrechlichkeit und Hinfälligkeit mit der Schminke des Modischen zu übertünchen. Die Erklärung dafür ist außerhalb des Bereichs der Wissenschaft zu suchen.

Die akademische Geschichte hat bis heute ihre Rolle als Verteidigerin und Bewahrerin der bestehenden Ordnung gespielt, sei es weil sie ihren Beitrag zur Schaffung eines Repertoires von Mythen geleistet hat, mit denen die Menschen dazu gebracht werden sollen, die gesellschaftlichen Organisationsformen, in denen sie leben, gedankenlos zu akzeptieren, sei es weil sie sich darauf beschränkt hat, sich in harmloser Gelehrsamkeit zu ergehen, die den Historiker von seiner Umwelt ablenkte und so zumindest diente, all diejenigen zu neutralisieren, die für eine entschiedenere Kollaboration nicht bereitwillig zu haben waren. Ihr gegenüber will die neue Geschichte ein Werkzeug zum Verständnis und zur Kritik

---

«Der Inhalt der politischen, d. h. menschlichen Ökonomie geht über die Grenzen des strikt Materiellen hinaus; und dies zu vergessen, bringt die größten Ungerechtigkeiten mit sich, eben weil der Mensch, ob wir wollen oder nicht, der Motor und das Ziel der ökonomischen Tätigkeit ist.» RAMÓN CARANDE

An der Erkenntnis, daß die Technik nicht die Lösung aller menschlichen Probleme bedeutet, sondern selbst neue gigantischen Ausmaßes geschaffen hat, kann heute kein Industrieland mehr vorbei. Unser Leben hängt von ökologischem Ausgleich ab, dessen Gleichgewicht wir bisher nur zerstört haben.

werden, nicht um den Menschen neue Ideale an Stelle der alten einzuflößen, sondern um sie den Gebrauch ihrer Augen und ihres Hirns zu lehren, um sie zu lehren, wie sie selbst die Dinge prüfen, selbständig urteilen und ihren Weg bewußt wählen können. Daher ist es nicht weiter verwunderlich, daß diejenigen, deren oberstes Ziel es ist, das Bestehende um jeden Preis zu erhalten, sie als etwas Gefährliches und Subversives bekämpfen.

Der Kampf gegen eine Geschichte, die zu einer kritischen Sicht der Gesellschaft beitragen möchte, ist auf sehr unterschiedliche Art und Weise ausgetragen worden. In den extremen Fällen wird sie offen verurteilt und verdammt, in anderen wird sie totgeschwiegen, ferngehalten von den akademischen Bereichen und sorgfältig abgesondert von der «achtbaren» Geschichte. Einer subtileren Angriffsart bedienen sich diejenigen, die auf die Unfertigkeiten eines noch in der Herausbildung begriffenen Theoriekörpers aufmerksam machen und von daher ableiten wollen, daß es unmöglich sei, Geschichte jemals mit einem relevanten Theoriegehalt zu betreiben. Daß diese Sorte von Argumenten keine andere Absicht verfolgt, als eine feindselige Haltung keineswegs wissenschaftlichen Ursprungs mit einem vorgeblich wissenschaftlichen Feigenblatt zu versehen, das beweist die Tatsache, daß die Ankläger des «Elends des Historismus» fast ausschließlich jene Art von Geschichte angreifen, welche die Gesellschaftsordnung, der sie angehören, bedrohen kann. Der Historiker weiß besser als irgend jemand sonst, daß die Wissenschaft, die sein Arbeitsgebiet ist, noch im Entstehen begrif-

Computer sind mit ihren theoretisch unbegrenzten Speicherkapazitäten ein unerläßliches Hilfsmittel der modernen Geschichtswissenschaft geworden, aber die Fragestellungen, Auswertungen und Interpretationen, ein Nutzen seiner Arbeit für heute und die Zukunft, bleiben Aufgaben des Geschtswissenschaftlers.

fen ist, aber er weiß auch, daß ihn dies nicht dazu bringen kann, sie aufzugeben, sondern er wird mit doppelter Anstrengung an ihrer Vervollständigung arbeiten.

Es ist nicht leicht, sich so vielen Behinderungen und Benachteiligungen entgegenzustellen, und viele geben auf oder versuchen sich anzupassen, um überleben zu können. Der Historiker weiß, daß man von ihm begeisterte Unterstützung, zumindest aber eine harmlose Gelehrsamkeit erwartet und daß er imstande ist, ein ständig reichhaltigeres Instrumentarium anzuwenden – Datierung per Radiokarbon-Methode, industriell betriebene Archäologie, Verarbeitung gesellschaftlicher Daten druch Großrechner, Anwendung ökonometrischer Modelle usw. –, so daß ihm das Gefühl gegeben wird, er betreibe eine solide und ernsthafte Wissenschaft. Wer würde es wagen, einen Historiker als traditionell oder veraltet zu bezeichnen, der mit Computern arbeitet? Wenn er sich damit zufriedengibt, wird er einen wohlhonorierten Platz im Ranggefüge einnehmen können, und man wird ihm in der akademischen Gemeinschaft Respekt bezeugen. Niemand wird die Geltung seiner unnützen Arbeit in Frage stellen, ja er wird sogar Lob empfangen, weil er mit feinsinnigen Betrachtungen über das Wesen des Menschlichen einen Beitrag zur Umkränzung der Kultur unserer Zeit leistet. Als zahmes Haustier wird er, wenn er sich die Nägel beschneiden läßt, seines täglichen Futters sichern sein können.

Von Tag zu Tag größer wird jedoch die Zahl derer, die sich diese Behandlung nicht länger gefallen lassen und sich für die schwierige Aufgabe der Erarbeitung einer dem Verständnis der Gegenwart dienenden Geschichtswissenschaft entscheiden, die allen Angriffen und Verdammungen trotzen, mögen sie im Namen der Wissenschaft oder unverhohlen im Namen der Rettung etablierter Werte geführt werden. Ein solcher Historiker muß sich gegen seine eigenen Kollegen stellen, um den Menschen zu helfen, sich der Last von Vergangenheitsinterpretationen zu entledigen, die ihnen als Ballast die Nutzung ihrer eigenen Erkenntnisfähigkeit erschwert. Er muß seine Einstellung gegenüber anderen Sozialwissenschaften – Ökonomie, Soziologie usw. – klären, um zu zeigen, daß er weder mit ihnen konkurrieren noch sich ihnen unterwerfen will. Seine Aufgabe ist eine andere, sie besteht in der bewußten Erfassung des Ganzen; er muß die Untersuchungen einzelner Bereiche der Gesellschaft vereinen und aus dem Ökonomischen, dem Politischen, dem Kulturellen, dem Künstlerischen usw. ein Gesamtbild konstruieren. Er muß uns die Menschen in der ganzen Komplexität ihrer Dimensionen, von ihrer Arbeit bis zu ihren Träumen, zeigen. Kein anderer, nur er kann dies tun; dies und nichts anderes ist seine eigentliche Aufgabe. Seine Geschichte wird zu den Menschen sprechen müssen «von allen Menschen der Welt, sofern sie sich zur Gesellschaft zusammentun, arbeiten, kämpfen und sich selbst bessern», und sie muß es tun, um ihnen bei diesem Besserwerden zu helfen. Sie muß ihnen, wie wir zu Beginn sagten, Waffe in den Kämpfen von heute und Werkzeug zum Aufbau der Zukunft sein. Nur so wird Geschichte ihnen zur Hoffnung werden können.

Begriffserklärungen

Arbeitsteilung Prozeß, in dessen Verlauf die Menschen einer Gesellschaft sich auf unterschiedliche Beschäftigungen spezialisieren. Von den primitiven Jäger- und Sammler-Gemeinschaften bis zu den Industriegesellschaften ist der geschichtliche Fortschritt von dieser wachsenden gesellschaftlichen Spezialisierung begleitet worden.

ethisch-politische Geschichte Bezeichnung, die der Philosoph und Politiker Benedetto Croce (1866–1952), Begründer und Hauptvertreter des Neuidealismus in Italien, auf jenen Typ von Geschichte anwandte, der die Geschichte als Geschichte der menschlichen Vernunft und Ideale vertrat und definierte. Rein idealistischer Ansatz, der sich vor allem mit Politik und Kultur: der Staats- und Zivilisationsgeschichte beschäftigte.

Geopolitik Untersuchung der Einflüsse des geographischen Raums auf die Staaten und ihre Politik. Als Begründer der Geopolitik wird der Deutsche Friedrich Ratzel (1844–1904) angesehen, der in seiner *Politischen Geographie* (1897) die Behauptung aufstellte, die geographischen Umweltbedingungen bestimmten die Form der menschlichen Gesellschaften. Er wies die politische Geographie als selbständigen Teil der allgemeinen Geographie aus.

Geschichtsmorphologie Morphologische Untersuchungen sind Vergleiche von Formen. In der Geschichte bezeichnet man diejenigen Interpretationen als Morphologien, die historische Gesetzmäßigkeiten aus dem bloßen Vergleich einander gleichender Erscheinungen ableiten wollen und dabei davon absehen, daß diese aus sehr unterschiedlichen Epochen und Gesellschaften stammen.

Heloten Staatssklaven im alten Sparta.

Historismus Haltung, die jeden Gegenstand nur vor seinem geschichtlichen Hintergrund sieht und interpretiert; Überbetonung der geschichtlichen Seite.

Input-Output-Analyse Methode, mit der die Beziehungen aller wirtschaftlichen Teilbereiche im Produktionsprozeß untersucht werden.

Klassen Marxistischer Begriff; die gesellschaftlichen Gruppen, die sich nach ihrer Stellung im Produktionsprozeß voneinander unterscheiden: diejenigen, die über Produktionsmittel verfügen und sich die Arbeit der Lohnarbeiter aneignen, und diejenigen ohne Eigentum, die um zu leben ihre Arbeitskraft verkaufen. Der Marxismus unterscheidet zwei Hauptklassen: Bourgeoisie und Proletariat, Nebenklassen (selbständige Bauern oder Handwerker, deren Interessen beim Proletariat liegen) und deklassierte Gruppen (Lumpenproletariat). Die Klassenzugehörigkeit bestimmt das eigene gesellschaftliche Interesse.

Mimese Begriff aus der Biologie; Fähigkeit mancher Tiere, entweder ihre Färbung, seltener ihre Gestalt als Schutz den toten oder lebenden Körpern ihrer Umgebung anzupassen.

Ökonometrische Geschichte / Ökonometrie Die Ökonometrie untersucht mit Hilfe von Mathematik und Statistik wirtschaftstheoretische Modelle und Voraussagen.

Positivismus Philosophische Haltung, die sich nur auf Tatsächliches, Wirkliches und Beweisbares stützt und metaphysische Überlegungen ablehnt.

Produktionsweise Marxistischer Begriff, der die Produktivkräfte (produzierende Menschen, Wissenschaft, Technologie) und die Produktionsverhältnisse (gesellschaftliche Verhältnisse der Menschen untereinander im Produktionsprozeß) zusammenfaßt. Die fünf Produktionsweisen sind nach dieser Definition: Urgesellschaft, Sklavenhaltergesellschaft, Feudalgesellschaft, Kapitalismus und Sozialismus/Kommunismus.

soziale Schichtung Hierarchisches System, das in einer Gesellschaft die ungleiche Verteilung von Gütern, Rechten und Ansehen regelt. Schichtungssysteme können auf rechtlich festgelegten oder privilegierten Stellungen beruhen, die durch Geburt (in Kasten- oder ständischen Gesellschaften) oder durch Unterschiede ökonomischer Natur in einer bestimmten Rolle im Produktionsprozeß (Klassengesellschaft) erworben werden.

Stände Soziale Schichten, der alle Personen angehören, die ein und dieselbe juristische Stellung haben und dieselben Privilegien genießen, welche im allgemeinen durch Geburt erworben werden. In der Ständegesellschaft gab es drei Stände: Adel, Geistlichkeit und den dritten oder niederen Stand (Volk).

Subsistenzweise Art der Versorgung für den Lebensunterhalt (veraltet: Subsistenz).

Überbau Marxistischer Begriff; die politischen, juristischen, künstlerischen und religiösen Bewußtseinsformen. Der Überbau steht zur Basis (gesellschaftliche Verhältnisse) in einem dialektischen Verhältnis: Das Sein bestimmt das Bewußtsein, und ebenso wirkt das bedingte Bewußtsein auf das Sein zurück. (Dialektik: von Kant, 1724–1804, Fichte 1762–1814, Hegel, 1770–1831, und Marx, 1818–1883, entwickelte Denkformen und Erkenntnismethode, nach der aus einer Annahme [These] und ihrer Verneinung [Antithese] eine weitreichendere Wahrheit [Synthese] gezogen wird, die wieder These des nächsten Denkschrittes ist.)

Literaturhinweise

Berthold, W., G. Lozek (Hg. u. a.): Kritik der bürgerlichen Geschichtsschreibung. Verlag Pahl-Rugenstedt, Köln 1977

Brandt, A. v.: Werkzeug des Historikers. Eine Einführung in die Historischen Hilfswissenschaften. (Urban-Bücher, 33). W. Kohlhammer Verlag, Stuttgart 1976

Bloch, M.: Apologie der Geschichte oder Der Beruf des Historikers. Anmerkungen u. Argumente..., 9). Ernst Klett Verlag, Stuttgart 1974

Borowsky, P., B. Vogel und H. Wunder: Einführung in die Geschichtswissenschaft I. Grundprobleme, Arbeitsorganisation, Hilfsmittel. (Studienbücher Moderne Geschichte, 1). Westdeutscher Verlag, Wiesbaden 1975

Borowsky, P., B. Vogel und H. Wunder: Einführung in die Geschichtswissenschaft II. Materialien zur Theorie und Methode. (Studienbücher Moderne Geschichte, 2). Westdeutscher Verlag, Wiesbaden 1975

Engelberg, E., W. Küttler: Probleme der geschichtswissenschaftlichen Erkenntnis. Verlag Pahl-Rugenstedt, Köln 1977

Faber, K.-G., Ch. Meier (Hg.): Historische Prozesse. (Theorie der Geschichte. Beiträge zur Historik, 2). (dtv-Wissenschaftliche Reihe, 4304). Deutscher Taschenbuch Verlag, München 1978

Faber, K.-G.: Theorie der Geschichtswissenschaft. (Beck'sche Schwarze Reihe, 78). C. H. Beck'sche Verlagsbuchhandlung, München 1974

Faulenbach, B. (Hg.): Geschichtswissenschaft in Deutschland. Traditionelle Positionen und gegenwärtige Aufgaben. (Beck'sche Schwarze Reihe, 111). C. H. Beck'sche Verlagsbuchhandlung, München 1974

Geiss, I.: Studien über Geschichte und Geschichtswissenschaft. (es, 569). Suhrkamp-Verlag, Frankfurt/M. 1972

Geiss, I., R. Tamchina (Hg.): Ansichten einer künftigen Geschichtswissenschaft I. Kritik, Theorie, Methode. (Reihe Hanser, 153). Carl Hanser Verlag, München 1974

Geiss, I., R. Tamchina (Hg.): Ansichten einer künftigen Geschichtswissenschaft II. Revolution. Ein historischer Längsschnitt. (Reihe Hanser, 154). Carl Hanser Verlag, München 1974

Groh, D.: Kritische Geschichtswissenschaft in emanzipatorischer Absicht. (Urban-Bücher, 846). W. Kohlhammer Verlag, Stuttgart 1973

Gundlach, R., C. A. Lückerath: Historische Wissenschaften und Elektronische Datenverarbeitung. (Ullstein-Bücher, 3319). Ullstein Verlag, Berlin 1977

Hahn, M.: Historiker und Klassen. Zur Grundlegung einer Geschichte der bürgerlichen Gesellschaft. (Campus). Campus Verlag, Frankfurt/M. 1976

Iggers, G. G.: Neue Geschichtswissenschaft. Vom Historismus zur Historischen Sozialwissenschaft. Ein internationaler Vergleich. (dtv-Wissenschaftliche Reihe, 4308). Deutscher Taschenbuch Verlag, München 1978

Kirn, P., J. Leuschner: Einführung in die Geschichtswissenschaft. (Sammlung Göschen, 270). Verlag de Gruyter, Berlin 1972

König, R.: Kritik der historisch-existenzialistischen Soziologie. Ein Beitrag zur Begründung einer objektiven Soziologie. (Piper Sozialwissenschaft, 27). Verlag R. Piper, München 1975

Korsch, K.: Die materialistische Geschichtsauffassung und andere Schriften. (Basis). Europäische Verlags-Anstalt, Köln 1971

Kosthorst, E. (Hg.): Geschichtswissenschaft. Didaktik, Forschung, Theorie. (Kleine Vandenhoek-Reihe, 1430). Verlag Vandenhoek & Ruprecht, Göttingen 1977

Meinecke, F.: Werke. Bd. VII. Zur Geschichte der Geschichtsschreibung. Oldenbourg Verlag München/Toeche-Mittler Verlag, Darmstadt 1968

Rückriem, G. (Hg).: Historischer Materialismus und menschliche Natur. (Kleine Bibliothek, 109). Verlag Pahl-Rugenstedt, Köln 1977

Rürup, R. (Hg.): Historische Sozialwissenschaft. Beiträge zur Einführung in die Forschungspraxis. (Kleine Vandenhoek-Reihe, 1431). Verlag Vandenhoek & Ruprecht, Göttingen 1977

Rüsen, J. (Hg.): Historische Objektivität. Aufsätze zur Geschichtstheorie. (Kleine Vandenhoek-Reihe, 1416). Verlag Vandenhoek & Ruprecht, Göttingen 1975

Schulz, G. (Hg.): Geschichte heute. Positionen, Tendenzen, Probleme. Verlag Vandenhoek & Ruprecht, Göttingen 1973

Valenza, P. (Hg.): Der historische Kompromiß. Berlinguer/Gramsci/Longo/Togliatti. VSA-Verlag, Hamburg 1976

Sachwortregister

Personennamenregister